人類文明小百科

Les Hébreux

希伯來人

GASTON DUCHET-SUCHAUX 著

黃天海 譯

 三民書局

Crédits photographiques

Couverture : p. 1 au premier plan, *Moïse recevant les Tables de la Loi*, psautier d'Ingeburg de Danemark, musée Condé à Chantilly, © Giraudon ; à l'arrière-plan, *Fragments de psaumes*, manuscrit de la mer Morte, musée Bible et Terre Sainte, © R. Tournus ; p. 4 *Davi jouant de la harpe*, BN Paris, Manuscrits orientaux, © BN.

Ouvertures de parties et folios : pp. 4-5 mosaïque dans l'église Saint-Vital à Ravenne (Italie) : *Hospitalité d'Abraham et sacrifice d'Isaac*, © Giraudon ; pp. 20-21 Bible historiée de Guiars des Moulins et Pierre Comestor : *Moïse recevant les Tables de la Loi / Construction ε sacre de l'Arche d'Alliance / scène d'offrande*, musée Atger à Montpellier, © Dagli Orti ; pp. 36-37 psautier de saint Louis : *Les Ancien d'Israël demandent un roi à Samuel devant ses fils Joël et Abia / L'Onction de Saül par Samuel*, BN Paris, Manuscrits latins, © BN ; pp. 50-5 bas-relief : *Captifs assyriens*, British Museum, © Photothèque Hachette ; pp. 62-63 aqueduc romain de Césarée, © Michel Hayaux de Till / Rapho ; pp. 74-75 vue aérienne de Jérusalem, © Sonia Halliday et Laura Lushington.

Pages intérieures : p. 6 Institut d'Archéologie à Jérusalem, © Yigael Yadin / Photothèque Hachette ; p. 9 psautier d'Ingeburg de Danemark, musée de Condé à Chantilly, © Giraudon ; p. 10 © AKG / Édimédia ; p. 11 musée des Beaux-Arts de Boston, © Photothèque Hachette ; p. 13 musée du Petit Palais d'Avignon, © Ken Takase / Artephot ; p. 15 Riksmuseum van Oudheden te Leiden, © Photothèque Hachette ; p. 17 © Sonia Halliday ; pp. 18-19 Kunsthistorisches Museum à Vienne, © Erich Lessing / Magnum ; pp. 22-23 © Guildhall Art Gallery, Londres ; p. 23 musée municipal d'Amsterdam, © Photothèque Hachette ; p. 24 psautier d'Ingeburg de Danemark, musée Cond à Chantilly, © Giraudon ; p. 25 musée de Damas, © Gérard Degeorge ; p. 26 Bâle, Coll. Ida Meyer-Chagall, © Lauros/Giraudon © ADAG Paris 1994 ; p. 27a musée du Louvre, © RMN ; p. 27b British Museum, © British Museum ; p. 28 © Goldman / Rapho ; p. 30a collection particulière, © Édimédia ; p. 30b BN Paris, Antiquités judaïques, © Giraudon ; p. 31a © E. Le Diascorn / Rapho ; p. 31b © Sonia Halliday p. 32 église Saint-Pierre aux Liens à Rome, © Anderson-Viollet / Photothèque Hachette ; p. 34a © Sonia Halliday et Laura Lushington p. 34b © G. Gerster / Rapho ; p. 35c © Richard Nowitz / Explorer ; p. 35d © Loirat Ly / Explorer ; p. 38 Université de Chicago, © Photothèque Hachette ; p. 39 psautier de saint-Louis, BN Paris, Manuscrits latins, © BN ; p. 40 Bible d'Étienne Harding, BM de Dijon, © Dag Orti ; p. 42 © AKG / Édimédia ; p. 43a Prosaire de Saint-Martial de Limoges, BN Paris, © Édimédia ; p. 43b église Saint-Pierre de Dreux © Guy Fleury / Artephot ; p. 44 maison d'Érasme à Bruxelles, © Nimatallah / Artephot ; p. 45 © AKG / Édimédia ; p. 46 collection parti culière, © Briffund / Jussey ; p. 47 musée du Louvre, © Hubert Josse ; p. 49a © Patrice Pellerin / Photothèque Hachette ; p. 49b © Gérar Degeorge ; p. 52 British Museum, © Michael Holford ; p. 53 British Museum, © Photothèque Hachette ; p. 55 © Michel Hayaux du Till / Rapho ; p. 56 © Michel Hayaux du Tilly / Rapho ; p. 57 British Museum, © Photothèque Hachette ; p. 58 © AKG / Édimédia ; p. 59 BN Paris, Cabinet des Médailles, © BN ; p. 60 British Museum, © British Museum ; p. 64a musée de Damas, © Gérard Degeorge ; p. 64 Arc de Titus à Rome, © Erich Lessing / Magnum ; p. 65 © R. Katz / Photothèque Hachette ; p. 66 musée de l'Acropole d'Athènes, © Dagl Orti ; p. 67 Dagli Orti ; p. 68 BN Paris, Cabinet des médailles, © BN ; p. 70 © Georg Gerster / Rapho ; p. 71 © Sonia Halliday et Laur Lushington ; p. 72 Saint-Pierre de Rome, © S. Paolo / Scala ; p. 73 Arc de Titus à Rome, © Erich Lessing / Magnum ; p. 76 © Christian Sappa / Rapho ; p. 77 © Patrick Zachmann / Magnum ; p. 78 © Sonia Halliday ; p. 79 © Neyrat / Rapho ; p. 80 © Borredon / Explorer ; p. 82 Leonard Freed / Magnum ; p. 83 © Michel Hayaux du Tilly ; pp. 86-87a © Sonia Halliday ; pp. 86-87b Institut catholique de Paris, © Phedon Salou / Artephot ; pp. 86-87c Roger Viollet ; pp. 86-87d © C. Harbutt / Rapho ; pp. 88-89 in : *Lire le Grec*, © Hachette Éducation

Couverture (conception-réalisation) : Jérôme Faucheux.
Intérieur (conception-maquette) : Marie-Christine Carini.
Réalisation PAO : FNG.
Photogravure : FNG.
Recherche iconographique : Anne Mensior.
Illustrations : Chantal Gréverie.
Cartographie : Hachette Classiques.

©Hachette Livre, 1994.

43 quai de Grenelle

75905 Paris Cedex15

族長 4

　　亞伯拉罕：信心之父 ···················· 6
　　以撒：神所應許之子 ···················· 10
　　被稱為以色列的雅各 ···················· 12
　　釋夢者約瑟 ······························ 14
　　族長的歷史意義 ·························· 16
　　游牧的亞洲人來到埃及 ················· 18

從埃及到神的「應許之地」 ········· 20

　　摩西和在埃及所受的奴役 ··············· 22
　　出埃及和曠野中的苦難 ················· 24
　　法律的禮物《托拉》 ···················· 26
　　征服巴勒斯坦 ···························· 29
　　出埃及的歷史意義 ······················ 31
　　巴勒斯坦 ································· 33

王權統治 ·· 36

　　以色列的第一位國王掃羅 ··············· 38
　　大衛與王國的統一 ······················ 40
　　所羅門：王國的鼎盛時期 ··············· 44
　　耶路撒冷的所羅門神殿 ················· 45
　　王國一分為二 ···························· 46
　　災難加劇 ································· 47
　　王權統治的歷史意義 ···················· 48

流放與四散 ··· 50

　　亞述人的皮鞭 ···························· 52
　　放逐 ····································· 53
　　巴比倫人入侵 ···························· 55
　　波斯人的統治 ···························· 59
　　流放的歷史意義 ························· 60
　　壯觀的巴比倫城 ························· 61

流放歸來的希臘人和羅馬人 ········· 62

　　重返耶路撒冷 ···························· 64
　　希臘帝國的一個省 ······················ 66
　　羅馬人的控制 ···························· 68
　　希律王神殿 ······························ 69

日常生活與節日 ·································· 74

　　希伯來人的一天 ························· 76
　　宗教儀式 ································· 78
　　以色列的節日 ···························· 81

　　補充知識 ································· 85

　　年表 ····································· 90

　　小小詞庫 ································· 94

　　索引 ····································· 96

目

次

亞伯拉罕：
信心之父

以撒：
神所應許之子

被稱為以色列
的雅各

釋夢者約瑟

族長的歷史意義

亞伯拉罕：信心之父

迦南人像
希伯來人到來之前，巴
勒斯坦由當地各土著部
落的迦南人所占領。

「你要離開你的故鄉……」

《聖經》*上說，亞伯蘭（後來改名亞伯拉罕）
和他的族人原住在吾珥，他的父親他拉決定
將全族人遷移到迦南地去。他們到了哈蘭，
就在那裡定居（《創世記》十一，31）。

　　亞伯蘭因此到了哈蘭，並在那兒度過了
漫長的最初歲月。在那裡，亞伯蘭聽到了一
個神祕的召喚：「你要離開你的故鄉、親族，
和你父親的家，到我所要指示你的地方去。」
（《創世記》十二，1）後來，他和他的大家
族，從哈蘭舉家搬到了迦南*，那時迦南由當
地的部落酋長所占領。他們到了示劍那個地
方，然後就在希伯崙*附近居住下來。除了右

族長

據《聖經》記載，亞伯
拉罕第一次聽到了神的
呼召，要他永遠聽從神
的聲音，神將逐漸向族
長及其後代們顯示神的
仁慈和旨意。

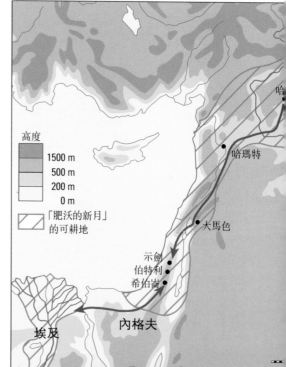

高度

1500 m
500 m
200 m
0 m

「肥沃的新月」
的可耕地

哈

哈瑪特

大馬色

示劍
伯特利
希伯崙

內格夫

埃及

埃及短暫地逗留過一段時間，在那裡為饑荒時期的族人尋找牧草之外，亞伯蘭在希伯崙度過了一生中大部分的時光。

以實瑪利的出生

由於亞伯蘭的妻子莎拉不能生育，所以她為亞伯蘭找了她的埃及女奴夏甲，為他生了第一個兒子以實瑪利。但是，出於她對女奴的妒嫉，莎拉便把夏甲和以實瑪利趕到曠野裡，使以實瑪利不能繼承亞伯蘭的財產。亞伯蘭本來非常生氣，但神叫他不必擔心，並給他一個莊重的應許：「……至於女奴的兒子，我也要給他許多兒女，成為一國，因為他也是你的兒子。」事實上，居住在阿拉伯北部的十二個部落最初都稱為「以實瑪利人」（《創世記》二十一，12-24）。

北

冬一亞蘭

幼發拉底河

底格里斯河

巴比倫

迦勒底

吾珥

亞伯拉罕的部族在法老王國的居留不應與約瑟之被囚禁於埃及相混淆。

亞伯拉罕部族向
「肥沃的新月」
地帶遷徙

亞伯拉罕部族從吾珥（現今伊拉克南部）到埃及的遷徙中跨越了呈圓弧形的、稱為「肥沃的新月」的肥沃平原，這個地帶位於底格里斯河與幼發拉底河兩河流域的美索不達米亞地區。這些肥沃的區域四面環繞著高地和貧瘠乾燥的山巒，或荒無人煙的大漠曠野。這兒主要以小麥種植為主，這裡的人們還發明了今天世界上大部分地區常用的、各種文字體系基礎的拼音文字。正是在這裡，終於確立了第一個一神論*的宗教，即對於以色列獨一無二的神的信仰。

7

族長

神對亞伯拉罕的應許對猶太人來說是很重要的,因為它建立了他們與「人們不得直呼其名」的耶和華神的約,還建立了他們對於「應許之地」的追索權。

「我要跟你立約⋯⋯」

富有的亞伯蘭老了,他看見神顯現在他面前並對他說:「我是全能的上帝⋯⋯我要跟你立約⋯⋯從現在開始,你的名字不再叫亞伯蘭(「尊榮之父」), 要叫亞伯拉罕(「多人的父」),因為我立你作許多民族之父⋯⋯我要堅守我跟你和你世世代代子孫立的約;這是永遠的約。」於是神將「應許之地」以其初時的形式賜給他:「我要把你現在寄居的土地賜給你和你的後代。這迦南*地要成為你子孫永遠的產業;我也要作他們的上帝。」(《創世記》十七,1-11)神又對亞伯拉罕說,你也必須堅守我的約;你和你世世代代的子孫都要堅守。你們當中的男子都必須接受割禮(即割去包皮)。」

　　耶和華神也提到了關於亞伯拉罕之妻莎拉的吩咐:「⋯⋯我要賜福給她,使她為你生一個兒子。」聽到這個消息,亞伯拉罕就「俯伏在地」,大笑說:一百歲生個兒子,太荒唐了! 可是神卻肯定地說:「不! 你的妻子莎拉一定要為你生一個兒子,你要給他取名以撒。」(《創世記》十七,16-19)

　　雖然莎拉不能生育,而且已經很老了,但她還是生了以撒。她死的時候,亞伯拉罕想向一位赫人*買一塊地安葬她,於是他對赫人說:「我是寄居在你們中間的外族人,請賣一塊墳地給我,好讓我埋葬妻子。」(《創世記》二十三,4)亞伯拉罕於是埋葬了莎拉。

8

族長

亞伯拉罕在幔利橡樹

這幅十三世紀的詩篇彩繪插圖表現了一個非常離奇的情節。亞伯拉罕在幔利橡樹那裡（希伯崙*附近），「那時正熱，亞伯拉罕坐在帳棚門口，」來了三個神祕的客人。他熱情地接待他們，並意識到這三位就代表著神，他們對莎拉說她將生一個兒子，莎拉聽見後笑起來:「我這麼老了，還能生孩子嗎?」(《創世記》十八，1–15) 這裡把三位來訪者畫成有雙翼的天使，中世紀時，人們認為三位來訪者代表神的三位一體。

9

族長

以撒：神所應許之子

根據《聖經》上記載，以撒的名氣，與其父亞伯拉罕和其子雅各的廣大知名度比起來，或多或少有點黯淡。除了他與利百加的婚姻以外（這段描述是《聖經》中最精彩的文字之一），上帝命令亞伯拉罕獻以撒為燔祭（《創世記》二十二，1–15）是最值得銘記的一段了：「你要帶你的兒子，就是你所疼愛的獨子以撒，到摩利亞去，在我將指示你的一座山上，把他當作物品燒化祭獻給我。」

以撒之燔祭

亞伯拉罕舉刀。天使一隻手擋住他的手勢，另一隻手拎著公羊以替代以撒作為祭牲（十九世紀版畫）。

族長

迦南人和腓尼基人一樣，將童子作為祭牲奉獻給神。《聖經》上的這段故事戲劇性地記錄著這種極端殘酷儀式的結束。

《聖經》上詳細記載了亞伯拉罕來到設置祭壇的高地……亞伯拉罕築好祭壇，堆好了燔祭*用的木材，然後用繩子把以撒捆綁起來，放在祭壇上。就在他舉刀要殺自己親生兒子的那一刻，「神的使者」在天上呼叫他的名字，叫他不要傷害以撒，他說：「現在我知道你是敬畏神的了。」此時，一隻公羊兩角掛在灌木叢中，被用來代替亞伯拉罕之子獻作燔祭。

從此之後，以色列的傳統和全世界許多思想家都不斷地思考這段記載的意義，它反映了族長時期以童子（小孩子）作為祭牲的儀式。

11

族長

被稱為以色列的雅各

以撒的次子雅各妒嫉其孿生哥哥以掃，對他提議說：「你今日把長子的名分賣給我吧。」以掃正從田間辛苦勞作歸來，又累又餓，便接受了，他把長子的名分賣給了雅各，於是雅各將餅和紅豆湯給了以掃（《創世記》二十五，29–34）。

後來雅各從雙目失明的父親以撒那裡騙取了留給以掃的祝福，證實了他的野心（《創世記》二十七，18–30）。於是，雅各以欺騙的手段成為第三任族長。

夢見天梯和與天使摔角

耶和華神兩次向雅各顯現了莊嚴的應許：「許多國家要從你的子孫興起；你要作好些君主的祖宗。我要把我賜給亞伯拉罕和以撒的土地賜給你和你的後代。」（《創世記》三十五，10–12）

神對於雅各的顯現，第一次是在他夢 * 見了一道天梯時，第二次在他通宵達旦地與一位神祕的人摔角之後，在摔角時他瘸了腿。他的對手給他祝福並說：「從此以後，你不再叫雅各。你跟上帝和人搏鬥，你都贏了，因此你的名字要改為以色列（意即「與神較力者」）。」於是雅各稱這個地方為比努以勒（意即「神的面」），因為「我面對面見了上帝，仍然活著!」（《創世記》三十二，25–31）

12

神為雅各族長所取的以色列之名（《創世記》三十五）還用於表示全體猶太人，他們構成了一個「以色列民族」。以色列之名尤其用於指北方的十個部落，這些部落在所羅門死後脫離了猶大和便雅憫的統治，並結合成為「以色列王國」，公元前721年亡國（見p.54）。

族長

13

雅各夢見的天梯

雅各夢見了一道直達天上的梯子，神的使者在梯子上來來去去。「神站在天使旁邊」，對他說：「我是上主，是你祖父亞伯拉罕的上帝和以撒的上帝，……我要藉著你和你的後代賜福給世界各國。」雅各醒來，心裡害怕，自言自語說：「這地方多麼可畏！」他便把那個地方取名叫伯特利（希伯來文「神殿」的意思），並在那裡立一石柱（《創世記》二十八，10–17）。這個夢*常被作為許多藝術作品的題材，這裡是一幅油畫（普羅旺斯畫院，十五世紀末）。

族長

釋夢者約瑟

瘦母牛和肥母牛

約瑟是其父雅各的第十一個也是他十二個兒子中最喜愛的兒子。他在夢*中夢見自己成了一家之主。因此他的兄弟們都憎恨他，便把他賣給了一群商人，並被帶到埃及去。兄弟們讓雅各相信約瑟已被野獸吃掉了（《創世記》三十七，28–33）。

約瑟在埃及被囚禁起來。但是，他擅於釋夢的能力使他得以親近法老。法老夢見尼羅河中走出七頭肥母牛，然後又走出七頭瘦母牛。約瑟是唯一能解這個夢的人，他指出埃及將有七個豐年，接著便有七個可怕荒年，

約瑟及全家來到埃及

約瑟離開他父親雅各寄居的希伯崙*(1)，去找在外牧羊的哥哥們，在撒瑪利亞的多坍找到了他們(2)。他的哥哥們在那裡把他賣給了從基列來的商人，約瑟於是被帶到埃及(3)。為了逃避饑荒，雅各和兒子們來到埃及，又找到了約瑟(4)。

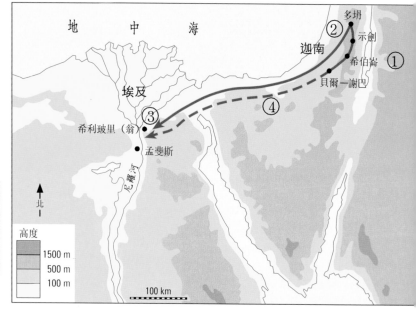

14

族長

的輪迴。「我建議陛下起用有智慧有遠見的
人，派他管理國政，並指派其他官員，在七
個豐年期間，徵收全國農產物的五分之一。
……在接踵而來的荒年期間，這些囤糧可以
供應全國人民，使人民不至於餓死。」於是，
法老就派約瑟治理埃及全地，並將希利坡里
的祭司，波提非立的女兒亞西納給他為妻
（《創世記》四十一）。

後來約瑟將其老父和全部兄弟及子孫們
都接到他身邊。

讓我們進去吧！

這是在底比斯發現的、
一位埃及將軍墓中的淺
浮雕。一群閃族人*在苦
苦哀求一位埃及人給予
他們進入埃及的權利。

族長

族長的歷史意義

亞伯拉罕的氏族

歷史學家們現在都承認，希伯來人隨亞伯拉罕從吾珥到幼發拉底河上游的哈蘭，然後又從哈蘭到迦南的遷移並非是不可能的。事實上，那可能是一些氏族，也許是後來與亞伯拉罕這個人物有關的氏族。這是耶穌基督降生前2000年的事了。

此後三個世紀中，這些部落逐漸滲入巴勒斯坦，希伯來人也不再完全是游牧民族*，而初步在猶大這塊地方的山區定居下來。這些出自一個祖先、結集在一個族長*周圍的氏族都是比較小的，最多不過數百人。可以肯定的是，雅各的氏族是在公元前十八世紀時定居埃及的。

希臘歷史學家希羅多德稱埃及是「尼羅河的禮物」。尼羅河流域肥沃的土地使古埃及因富饒而聞名。因此，希伯來人多次被饑荒所迫時，都逃難到埃及，在那裡尋找工作和豐富的糧食。

埃及對於亞伯拉罕而言是一塊避難的土地。雅各在那裡與兒子約瑟團聚，他們的後代也在那裡繁衍。出埃及的時候，希伯來人在沙漠曠野上還回憶起「在埃及的時候，我們常吃魚，不用花錢。還有黃瓜、西瓜、韭菜、洋蔥、大蒜等好吃的東西。」（《民數記》十一，5）

16

族長

《聖經》中從來沒有把這些巨人視作神，只是當成族長，而一直都將他們描述為在環境限制下，肩負起傳播具有不可估量意義之信息的人。

帳篷底下產生的故事

圍繞著那些以色列創建者的名字，如亞伯拉罕、以撒、雅各和約瑟等族長的故事，是一個源遠流長的口傳傳統。關於族長的故事被創造出來後，又在不同部落和氏族中，在其帳篷底下慢慢地被述說添加得愈來愈精緻，之後又根據那些構成以色列民族統一的重大事件而不斷改造和凝聚起來，終於在公元前五世紀編纂成統一的形式。今天，人們通常認為，《聖經》上描述的譜系和亞伯拉罕、以撒、雅各及他們與約瑟之間的親屬關係，都可以解釋成是對原始希伯來部落與氏族之間結集融合的演繹。每一個部落與氏族的偉大祖先都在全體族人的記憶中生動地保留下來，而後又在這些從一個宿營地到另一個宿營地之間傳播的故事中，一個一個地聯繫起來。但後來，這些漫長的加工整理工作又受到了阻礙（見p. 86）。

敘利亞的帳篷之下

在這些敘利亞游牧民族的帳篷底下，《聖經》故事經過漫長的傳述，並在所羅門時期有了統一的敘述形式。

17

在馬里、珊拉角等考古遺址發掘出來的資料顯示，距今三千年前，在《聖經》中描述的亞伯拉罕及其族人所居住的上美索不達米亞地區，確實存在過《聖經》上所說的族長的名字。

族長

游牧的
亞洲人
來到埃及

在　埃及貝尼哈珊的墓牆上，埃及畫家們表現了公元前兩千年為尋求生存，從東到西跨越西乃，來到埃及地的一群游牧民族。從他們的服裝和髮式可以看出，這些人非常不同於埃及人。畫上展現的是一個尚未馴服駱駝的時代，驢則是這些移民的役畜，希伯來人可能就是從這些移民中產生的。這個材料再現了一個科學的記錄，而且忠於事實。

19

族長

從埃及到神的「應許之地」

摩西
和在埃及
所受的奴役

出埃及和
曠野中的苦難

法律的禮物《托拉》

征服巴勒斯坦

出埃及
的歷史意義

摩西和在埃及所受的奴役

以色列之子的徭役

居住在法老國度的希伯來人人口增加很快，後來，埃及有一個新王登基，但他不認識約瑟（《出埃及記》一，8）。

法老對他的百姓說：「這些以色列人又多又強盛。」於是埃及人派督工去控制他們，加重負擔迫害他們，並要他們為法老建造兩座積貨城（《出埃及記》一，11）。

法老還想出了一場真正的種族大屠殺*：殺死所有剛出生的以色列男嬰。然而，一個

服徭役的希伯來人
這幅英國十九世紀的畫忠實地表現了《聖經》中的意思，反映了被埃及人逼服苦役的希伯來人的處境（《出埃及記》一，8-10）：他們像役畜一樣被驅趕，遭到無情的毒打，令人很難想像埃及人的殘酷。

從埃及到神的「應許之地」

利未人家叫做摩西的孩子被一位公主，法老的女兒所救（《出埃及記》二，5-10），他被帶到法老的宮中，過著美好的生活。但是，摩西是個充滿正義感的人。有一天，在法老的工地上，「他看見一個埃及人殺了一個希伯來同胞。摩西向左右觀看，以為沒有人注意，就下手殺了那埃及人，把屍首埋在沙裡。」（《出埃及記》二，11-12）後來，摩西知道這事被人知道了，便逃到米甸的曠野裡，娶了一位祭司葉特羅的女兒為妻。《聖經》上說（《出埃及記》三，3），摩西來到何烈山下（意為「神的山」）放牧葉特羅的羊群。在那裡，神在「燃燒的荊棘」中向他顯現。

「從水中得救出來」
據《聖經》上記載，摩西被丟棄在尼羅河邊的蘆荻中，一位埃及公主的使女發現了他。

23

歷史學家們難以追溯摩西這位歷史人物——這位猶太人信仰中公認的引路人的形象，他似乎做過那些從埃及人的工地上逃亡的逃亡者領導人。

從埃及到神的「應許之地」

出埃及和曠野中的苦難

「燃燒的荊棘」

這幅十三世紀的彩飾畫表現了神在燃燒著而又不會燒毀的荊棘中向摩西的顯現。摩西按照神的要求脫鞋,「因為你所站之地是聖地」。

從埃及到神的「應許之地」

神向摩西啟示的真名「耶和華」,是不能說出來的:這是個神聖的名字。希伯來文裡不寫母音,故希文中作YHWH,即Yahweh,也可寫作Yahwé,口頭上常說Adonai或Elohim:主或上帝(Seigneur, God)。

耶和華之名的啟示

在曠野上熊熊燃燒卻又沒有燒壞的荊棘之中,神呼叫著摩西,要他告訴以色列的子孫們,他將要來解放他受苦難的百姓:「現在我差你到埃及王那裡去;你去把我的子民從埃及領出來。」摩西在恐懼中顫抖,向神的聲音問道:「他們會問:『他的名字是什麼?』那時我該怎樣告訴他們呢?」神對摩西說:「我是耶和華(YHWH),是他們祖宗的上帝,是亞伯拉罕、以撒、雅各的上帝。我差你到他們那裡。我的名永遠叫耶和華,世世代代都要這樣稱呼我。」(《出埃及記》三,13-15)

埃及的十大災難

《出埃及記》中描述了耶和華神為了幫助摩西及其人民而作的奇蹟,他降給埃及一連十場大禍,為的是逼迫法老放希伯來人出埃及(《出埃及記》七,8-11,八,九,十):

1. 尼羅河的水變成血。
2. 遍地青蛙的擾亂和腥臭。
3. 突發的蚊子侵擾。
4. 遍地蝨子騷擾。
5. 瘟疫造成家畜死亡。
6. 泡瘡流行(皮膚病)。
7. 冰雹雷電襲擊。
8. 蝗蟲吞食植物和莊稼。
9. 濃厚的黑暗籠罩一切。
10. 所有長子和頭胎生的牲畜死絕。

「舉起你的杖，向海伸去……」

有人告訴法老說以色列人逃跑了。法老隨即套上戰車，帶領軍兵去追，他帶著六百輛精良的戰車，每輛車上都有車兵長。法老逼近的時候，以色列人都很害怕，摩西對他們說：「不要怕！要站穩。今天你們要看見上主怎樣救你們！」摩西把手伸向大海，耶和華神即讓海水退去，以色列人不著一滴水地穿過大海，水在他們左右成了牆垣。埃及人追來，耶和華告訴摩西：「向海伸出手來，使水合攏。」海水即向法老軍隊的全部車輛兵馬身上湧去（《出埃及記》十四，5-28）。

穿越紅海

摩西一手執杖，分開海水，希伯來人踩在魚上前進，右邊的埃及人淹死在海裡。摩西的上方可以看到神的手，意味著耶和華引導著他的百姓。杜拉歐羅普斯猶太教會堂的壁畫，現藏敘利亞大馬士革博物館。

一個民族的誕生

「他們離開埃及時，這群無組織的貝都因人尚未有民族意識，只是模糊地記得一些過去的事情（關於約瑟及其先人亞伯拉罕、以撒和雅各，他們還帶著約瑟的遺骨），和對於摩西的某種信心，相信他能夠鼓勵這些受苦受難的人們脫離奴役生活的信心。穿過紅海是這些人們第一次共同的經歷，以後將使他們團結起來。他們共同「看見」了創造奇蹟的上帝，他們的誠意也因而更加堅實。也許他們並沒有即刻產生這種意識，但他們不斷講述和重新體驗這個事件，年復一年地紀念逾越節（見p.83），以色列人這個民族就在這時誕生了。」

（R. Berthier,《聖經十講(La Bible en dix leçons)》, Hachette）

25

從埃及到神的「應許之地」

法律的禮物《托拉》

以色列人出埃及後三個月，就來到西乃的曠野，於是在那裡的山下紮營，摩西便上山去朝見上帝（《出埃及記》十九，1–3）。

耶和華神在那裡曉諭他的應許，「如果你們服從我，守我的約，你們就是我的子民。全世界都屬於我，但只有你們是我的選民。」（《出埃及記》十九，5）神向他說明了盟約的原則（《出埃及記》二十），由此建立起以色列賴以生存的法律（《托拉》）。

摩西領受十誡

這幅二十世紀俄國畫家馬克·夏加爾的畫，展現了一個帶給許多基督教和猶太人藝術家們靈感的主題。注意上帝的手，這是人們一次又一次追求的主題（見封面）。

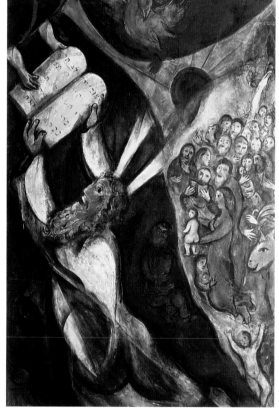

26

從埃及到神的「應許之地」

「除了我以外，你不可有別的神。」第一次出現的誡律——摩西十誡，代表著人類歷史上首次出現了一種一神論*的宗教。但又過了好多個世紀，這個誡律才為全體猶太人（以色列人的後代）所遵從。

「金牛犢」

神在西乃山向摩西曉諭他的啟示後，摩西下山，便往他的哥哥亞倫衛護著的百姓那裡去。然而，百姓見摩西遲遲不下山，就對亞倫說：「請替我們造個神明來帶領我們。」(《出埃及記》三十二，1) 於是，亞倫命令他們去摘下他們妻子兒女耳朵上的金耳環，並用這些金子做成一隻金牛犢。摩西回來，看見人們在金牛犢前跳舞，便生氣的將牛像砸個粉碎，因為他們違背了神不可拜偶像的誡命。

這一場幾乎打破了盟約的災難終於平息了，但後來又出現了許多災難。

公牛崇拜

力量與生殖的象徵，這種崇拜見於肥沃新月地帶大多數的宗教中，它在《聖經》中代表了所有的異教崇拜（公元前兩千年）。

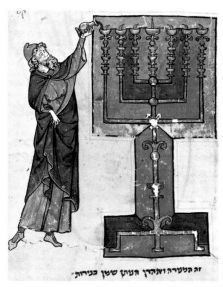

亞倫——第一位祭司

亞倫做了他那「訥於言談」的弟弟摩西的代言人，他是希伯來人的大祭司，這幅畫上他正給「七權燭臺」上的燈加油。

27

從埃及到神的「應許之地」

十誡

除了我以外，你不可有別的神。
不可為自己雕刻和跪拜偶像。
不可妄稱耶和華你神的名。……
第七日是向你神耶和華當守的安息日：不可做任何工作……
你當孝敬父母……
不可殺人。
不可姦淫。
不可偷盜。
不可作假見證陷害人。
不可貪戀人的房屋，也不可貪戀人的妻子、僕婢、牛驢、並他一切所有的。

《出埃及記》二十，3-17

西乃山

亞喀巴灣和蘇伊士灣之間的西奈半島的南部，是高達海拔2273公尺的西乃山，群山之間是高聳入雲的摩西山。山腳底上是建於公元六世紀的聖卡特琳修道院。

從埃及到神的「應許之地」

嗎哪與鵪鶉

西乃曠野上的流浪是漫長的，《聖經》上象徵性地說是四十年（《出埃及記》十六，35）。儘管有人抱怨，並懷念他們曾衣食豐足的埃及地，而耶和華卻沒有放棄過他的百姓：「我要將糧食從天降給你們。」

於是，希伯來人每天早上從露水中拾取有營養的白色嗎哪（「嗎哪」為天降糧食，像露水一樣落到地面），晚上吃鵪鶉。

征服巴勒斯坦

約書亞和進入「應許之地」

《聖經》上記載說，摩西死後，希伯來人在約書亞領導下征服了巴勒斯坦，並在那裡安居下來。根據《約書亞記》上的說法，約書亞是「摩西的幫手」，是「摩西第二」：

「我的僕人摩西死了；現在你要準備帶領所有的以色列人過約但河，到我要賜給他們的土地去。」（《約書亞記》一，2）那些受摩西之命去窺探耶和華應許亞伯拉罕之地的人們回來報告說：「我們偵察了那地方，發現那是牛奶與蜜的肥沃土地。」（《民數記》十三，27）

南方的勝利與北方的睦鄰關係

希伯來人的部落從東部和南部逐漸挺進，深入山地，有些還進入巴勒斯坦。一代又一代，這些游牧民族逐漸以農業在此定居下來，他們與鄰居迦南人關係和睦，即使有些衝突，規模也是有限的。然而，希伯來人在緩慢的發展中遇到了強大的敵人——沿海平原上可怕的非利士人。

29

流便、西緬、利未、猶大、以薩迦、西布倫、約瑟、便雅憫、但、拿弗他利、迦得和亞設，這十二個支派從一開始就是以雅各的十二個兒子為名的。

從埃及到神的「應許之地」

攻取耶利哥

儘管《聖經》上說希伯來人的號角聲吹塌了耶利哥城的城牆，但考古發掘的材料卻未能證明這一點，而對這一事件的解釋各時代都有不同。左圖是十五世紀的一幅彩飾畫，在這幅法國都蘭的風景畫中，穿著中世紀服裝的猶太人抬著約櫃繞城而行。右圖是二十世紀居斯塔夫・鐸芮的一幅版畫，對這一事件作了一個最富於戲劇性的闡釋。

從埃及到神的「應許之地」

士師時期

約書亞之後，那些《聖經》上稱為「士師*」的人，領導其他希伯來人對抗非利士人和其他以色列的敵人，他們的英名永存：基甸、參孫……，在《士師記》和《撒母耳記》中大力描述了他們的功績。由此，以色列人漸漸組成十二個支派。

參孫的歷史是與反非利士人的鬥爭聯繫在一起的。具有超人力量的參孫，被他所愛的女人大利拉出賣。她告訴非利士人，只要把這個英雄的頭髮剪去，他就會失去力量。參孫被囚後，頭髮又漸漸長起來，他終於用手推倒了非利士人的神殿，但自己也被砸死。

出埃及的歷史意義

《聖經》中關於約瑟被囚禁和希伯來人在埃及，以及後來神奇地出埃及的故事，在某些細節上，被歷史學家和近百年來針對這個地區的考古所證實。這場大動蕩發生在這一時期的埃及是事出有因的，因為就在這個時期，從東北面過來了一群入侵者，這些稱為「沙漠王子」的西克索人由一些好戰的貴族所領導，他們裝備了埃及人不曾見過的馬拉戰車，推翻了法老，統治埃及達數百年之久。希伯來人這時也定居在尼羅河三角洲的東北部。經過五十年的戰爭之後，到公元前十六世紀，敗居於底比斯的法老後代們終於趕走了侵占者，據說他們對希伯來人心懷敵意，因為希伯來人與統治的西克索人達成協議：他們和西克索人一樣都是亞洲人。在拉美西斯二世這個大建築者（公元前 1301–1235 年）的統治下，希伯來人被迫從事最徒勞無益的工作。拉美西斯二世的小兒子是位軟弱的君王，於公元前1200年左右違心地放走了希伯來人。

當然，《聖經》中的各書都是在透露和闡明一個特別的信息——它們並非「歷史之書」。

拉美西斯二世

拉美西斯二世常被誤作為他那放走了希伯來人的繼承人。

製磚廠

開羅附近的這座「製磚廠」裡，人們用的是古老的方法和材料，尼羅河河底的淤泥在陽光下曬乾後被用來製成磚塊。

31

從埃及到神的「應許之地」

摩西

米開朗基羅為裝飾羅馬
教皇朱爾二世之墓而作
的著名雕塑（十六世
紀）。傳說神的光芒照耀
在摩西頭上，形成摩西
頭上的角，這是聖耶利
米《聖經》翻譯中的一
個誤傳。

從埃及到「應許之地」：
四條可能的路線

我們不知道摩西帶領希
伯來人走的是哪一條
路，很可能先從側翼，
然後再向南走進西乃。
摩西在返回迦南的途中
過世，沒有能進入「應
許之地」。

從埃及到神的
「應許之地」

100 km

地 中 海

非利士人

約旦河

迦南

耶路撒冷

希伯尼斯湖

希伯崙

死海

高恩地區

摩押

加代綠洲

以東

亞美爾湖群

尼羅河

北

西乃

■ 埃及的駐軍

羅索海可能遺址

△ 畋希伯山可能遺址

四條可能
的路線

沃土

米甸

紅 海

巴勒斯坦

地中海

西頓　大馬色
推羅
埃代希　但
加利利海
多爾　耶茨雷埃勒平原
米吉多高地
撒瑪利亞
示劍
示羅
伯特利
耶利哥
亞希多德　蒙布雷
馬漢
亞希凱隆　耶路撒冷
加特　拉基希
加薩
希伯崙
死海　亞羅埃爾
哈巴
貝爾一謝巴
馬薩達
約旦河

北

高度
1500 m
500 m
100 m
0 m

50 km

地形

巴勒斯坦位於地中海東岸，由北往南呈長形，且多山地。北方黎巴嫩山脈和安替黎巴嫩山脈的群峰終年白雪覆蓋（有「白雪山」之稱），古時候山上雪松覆蓋，是古埃及王朝和美索不達米亞，以及以色列的木材儲備地。沿海平原沒有避風的港灣，不像加利利北部的腓尼基那樣，擁有眾多的天然良港。東部是一片窪地，一直延續到胡拉盆地和加利利海（亦稱泰柏立湖）。　窪地深處是約旦河，從北到南，蜿蜒流入死海。約旦河西面是從南到北層巒疊障的山脈。米吉多高地上的耶茨雷埃勒平原*形成一個自然的缺口，它在以色列歷史中常常是兵家必爭之地。約旦河的另一邊是另一片高地，高地上狹窄的河谷交錯，河水奔流，像是在深深地切割山岩一般。

氣候

由於給冬季三個月帶來降雨的雲霧被群山阻隔，因而擋住了西行至約旦河的道路。沿海平原和猶地亞的丘陵地帶灌溉方便，其他地方則常常缺水，雨水都集中於窪地和約旦河谷的綠洲，位於高原流水出口處的綠洲一片蔥綠。缺水的地區則生活艱難，人煙稀少。

33

從埃及到神的
「應許之地」

猶地亞的沙漠曠野

這個地區的地勢高低不平，順著約但河西岸從北方的加利利到南方的猶地亞地勢逐漸升高，從耶路撒冷的海拔835公尺上升到希伯崙一帶的1000公尺以上。

從埃及到神的「應許之地」

約但河谷

約但河從世界上最低的河谷蜿蜒進入撒瑪利亞的山地及外約但的丘陵地帶。

鹽結石

極高的含鹽量使得死海不適宜任何生命的生存，並形成石化了的鹽墩。

「我必按時降秋雨春雨在你們的地上，使你們可以收藏五穀、新酒和油，也必使你吃得飽足，並使田野為你的牲畜長草。」
《申命記》十一，14）

35

從埃及到神的「應許之地」

約但河

這是約但河的發源地之一，位於荷蒙山腳下。

王權統治

以色列的
第一位國王掃羅

大衛與王國的統一

所羅門：
王國的鼎盛時期

王國一分為二

災難加劇

王權統治
的歷史意義

以色列的第一位國王掃羅

非利士兵士

正如這幅浮雕所示，非
利士兵士可從他們的羽
毛頭飾被認出。

對非利士人的恐懼

那些被埃及人稱作「海上民族」的可怕侵略
者使整個地區都籠罩在恐懼之中。

這些新來的破壞者在公元前十二世紀來
到巴勒斯坦沿海地區，一次是從海上過來，
用船快速登陸；另一次則攜家帶眷，駕著原
始的車從陸地上過來。他們定居在沿海平原
上，徹底擊敗並統治希伯來人。結果，希伯
來人失去了冶煉金屬的權利，而無法製造任
何一件鐵器！

非利士人的威脅無疑說明了古代以色列
人創舉：他們要求先知撒母耳為他們立一個
王，因為周圍列國都有一個王！

先知撒母耳和掃羅的膏立為王

撒母耳的母親哈拿原不能生育，於是向神懇
求，生子撒母耳。撒母耳在示羅的神殿裡長
大，《聖經》上說，撒母耳聽見了神的呼喚。
傳統上稱他為先知*，也是最後一位士師*。

《聖經》中關於驢的失而復得的故事生
動地描述了掃羅與撒母耳的相遇（《撒母耳
記上》九）。「撒母耳說：『在這裡停一下，
我要把上帝的話告訴你。』於是，撒母耳拿一
瓶橄欖油，倒在掃羅頭上。」（《撒母耳記上》

王權統治

九，27－十，1）就這樣，掃羅被立為第一位國王，這個選擇後來受到百姓的承認。

掃羅於是召集準備戰鬥的人們，和鄰國人打了幾個勝仗，並將非利士人從某些地方趕走。後來掃羅在耶茨雷埃勒平原*上的基利波山戰敗陣亡，希伯來人又再次淪於非利士人的統治之下。

撒母耳膏立掃羅為王
「掃羅之膏立」成為東方君主王朝的一個模式。正如撒母耳在掃羅頭上倒膏油為其祝聖一樣，法國國王也要由主教大人敷聖油（十三世紀彩飾畫）。

39

王權統治

大衛與王國的統一

大衛和巨人歌利亞

過了很久，全體希伯來人才接受掃羅登基為王，因為在他們眼裡，只有上帝耶和華才是真正的王。

年輕的大衛因殺死非利士人歌利亞而受到掃羅的青睞（《撒母耳記上》十七），之後，他被接進掃羅的宮廷。但國王掃羅又心生妒嫉，畏懼的大衛逃入非利士人的城中避難，把寨為頭，侵奪鄰國，無論男女盡皆殺戮，並搶走全部牲畜（《撒母耳記上》二十七，9）。

大衛與歌利亞之戰
年輕的大衛迎戰巨人歌利亞，他用機弦甩石擊殺了歌利亞，這種武器在近東現在仍然在使用。這場傳說中的戰鬥成為利用機智、以弱勝強的一個典範（十二世紀彩飾畫）。

王權統治

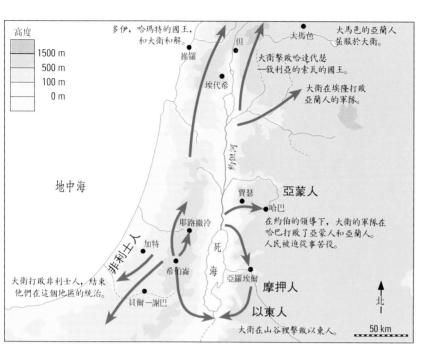

高度

1500 m
500 m
100 m
0 m

多伊，哈瑪特的國王，和大衛和解。

大馬色的亞蘭人屈服於大衛。

大衛擊敗哈達代瑟——敍利亞的索瓦的國王。

大衛在埃隆打敗亞蘭人的軍隊。

地中海

亞蒙人

在約伯的領導下，大衛的軍隊在哈巴打敗了亞蒙人和亞蘭人。人民被迫從事苦役。

賈瑟

哈巴

耶路撒冷

死海

摩押人

以東人

希伯崙

亞羅埃爾

大衛打敗非利士人，結束他們在這個地區的統治。

貝爾─謝巴

大衛在山谷裡擊敗以東人。

北

50 km

大衛：先為猶大國王，後為以色列國王

大衛雖然是位令人生畏的戰士，但也有寬厚和仁慈的心腸，他沒有殺死掃羅（《撒母耳記上》二十四），因為撒母耳從前不是以上帝的名義膏立掃羅為王嗎？我們在這裡就更能理解為什麼猶大的部族要擁立大衛為王了。大衛是在希伯崙*受膏為王的。希伯崙是南方各部族的宗教中心，他的登基得到了非利士人的默許，那時非利士人一直控制著這塊地方。大衛後來還被北方各部族擁戴為王，且一舉徹底擊潰非利士人的勢力。

大衛征戰

大衛是一位傑出的戰爭統帥，經常在戰爭中獲得勝利。《聖經》上得意地列出了所有他征討過的民族：非利士人、摩押人、以東人……以及所有藐視他的國王，如敍利亞的瑣巴王哈大底謝等（《撒母耳記下》八—十，《歷代志上》十八—二十）。

王權統治

約櫃

在很長的時期中，希伯來人的崇拜都是以約櫃為中心的，各部族抬著約櫃穿越曠野。它無疑是天使簇擁的中心，就算是放在一個簡易的祭壇上，人們都認為上帝真正與他的子民同在。畫的右邊，可以看見一個不顧禁令而觸摸約櫃的人被雷劈死在地（十八世紀版畫）。

約櫃運往耶路撒冷

大衛的猛烈進擊勢如破竹，他的手下攻克了耶路撒冷這座小城；大衛於是決定在此建都市、建王宮。首先是要把約櫃運來，約櫃是上帝與其子民同在的象徵，也是希伯來人各部族團結統一的象徵。這一重大事件使耶路撒冷成為整個以色列的聖城，其具體日期不詳，但我們知道大衛執政肯定是在公元前1010年左右與公元前970年之間。

作為耶路撒冷的創建人，大衛也是第一個希伯來國家的國王，統治整個巴勒斯坦及相鄰的一些地區。在虔誠的猶太人中，大衛始終是「神所膏立者」，為他的人民取得了神所「應許之地」。雖然大衛也做了不少壞事，使他的統治形象受損，但是大衛仍為後來的所有國王建立了一個楷模。

42

王權統治

大衛王的時代，當時耶路撒冷城市的人口還不到2萬人，大衛將此城市作為其首都，且將代表其部族團結統一象徵的約櫃運來。

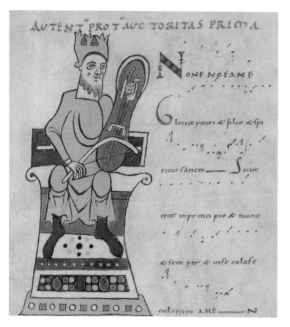

大衛的《詩篇》第25(24)篇

上主啊，我向你獻上禱告；
我的上帝啊，我只信靠你。
求你不使我失敗蒙羞，
不讓我的仇敵向我誇勝。
信靠你的人不至於失敗；
失敗的是那些無故背叛你的人。

上主啊，求你指示我你的道路，
把你的途徑告訴我。
求你教導我走在你的真道上，
因為你是拯救我的上帝。
我日夜仰慕你。

讚美詩

《聖經》中的讚美詩共
150首，其中許多被認為
是大衛所作，這些讚美
詩構成的詩集稱《詩
篇》。《詩篇》原被用於
耶路撒冷神殿中的禮拜
儀式，為猶太教會堂中
的以色列祭司提供了一
種詩歌形式。中世紀的
時候，出現了各種「大
衛音樂家」的形象：左
圖是一幅十一世紀彩飾
畫；右圖是一幅十六世
紀彩繪玻璃窗畫。

43

王權統治

所羅門：王國的鼎盛時期

酷愛建築者

大衛臨終時立拔示巴所生的次子所羅門為繼承人。所羅門賦予他的宮殿以東方王宮的輝煌，同時包括一座巨大的後宮。

所羅門以其智慧著稱，而更重要的是，他在耶路撒冷建造了一座神殿，成為後世的聖殿。約櫃被安置在「神的居所」的深處，即「至聖所」，一間沒有窗的房內，「耶和華曾說，他必住在幽暗之處。」（《列王紀》八，12）

所羅門還加強其他許多城市的修建，當然也修建了防禦工事和哨所，以保護其商業通道，並將其父所創立之中央集權的國家組織起來，建立起自己所統治的王國（公元前972至933年左右）， 此為王權統治的鼎盛時期。

所羅門斷案

有兩婦人自稱是同一嬰兒的母親。所羅門命令道：「將孩子劈成兩半。」這樣就辨認出了真正的母親。因為真的母親寧願將孩子給另一婦人，而不願看見自己的孩子死去（弗朗·弗郎肯畫，十七世紀）。

44

王權統治

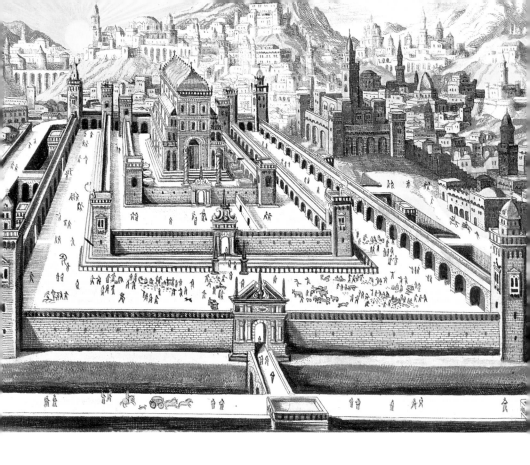

耶路撒冷的所羅門神殿

耶路撒冷的神殿矗立於城中高地的岩石上，呈長50公尺寬30公尺的矩形，建築工程持續了七年之久。所羅門從他的盟友推羅王希蘭處召集了一大批工人、木匠、鐵匠，並從遠近各地運來最稀有最貴重的材料，他還將加利利的20座城割讓給推羅王，以獲取供養工人及其王宮所必需的食物。為了獲得所需的一切，他還將王國分區而治，使各城的自由有所減少。所羅門的「財富」終於使得王國在他死後一分為二。以後的四百年間，人們又在所羅門的神殿上加上了雪松木的柱廊。公元前587年巴比倫入侵時神殿被摧毀（見p.56）。這幅複製圖是十六世紀地理學家默利安所製作的。

45

王權統治

王國一分為二

公元前 933 年所羅門死後,其王國的統一在這一瞬間瓦解了,它不再是北方與南方相融合的整體,而是南北各自為政的局面。

北方的以色列和南方的猶大

北方的十個部族並不完全接受猶大和便雅憫兩個部族的統治,以及所羅門向他們徵收的苛稅,他們更無法認同耶路撒冷神殿為唯一的聖所。十個部族在耶羅波安領導下的示劍集會,決定與南方分裂,建立北方王國以色列。

南方王國稱為猶大國*,僅由猶大和便雅憫兩個部族組成。猶大國孤立於相互廝殺的敵對世界中,內憂外患,這是一段充滿屠殺與陰謀的歷史。亞他利雅王后的命運就清楚地反映了這個可怕的時期。

亞他利雅之母耶洗別背叛上帝,與崇拜巴力神的丈夫,以色列亞哈王一樣被狗吃了。亞他利雅在丈夫和兒子亞哈謝死後篡了猶大國王位,消滅大衛王的後裔。她後來被大祭司耶何耶大推翻,像耶洗別一樣慘死。耶何耶大將亞哈謝之子從其祖母的屠殺中救出,擁立為王。

猶大之獅

猶大部族是族長猶大一族的後代,在古代十二部族中人口最多也最強大,佔據巴勒斯坦南部。獅子為其部族標誌。

王權統治

所羅門時期定居於大馬色的征服者亞蘭人，時時刻刻都沒有放棄騷擾北方王國、敲詐各代國王的機會。公元前922年起，埃及法老示撒一世逐漸侵入巴勒斯坦，迫使猶大國王交納沈重的貢稅*。

緩和的假象

當時其最大的威脅來自亞述人。亞述人從公元前九世紀起開始強大起來，開始只侵犯以色列和猶大國中的一些部族；公元前800年亞述人占領大馬色，征服了亞蘭人。而在公元前733年亞述人入侵前，希伯來人似乎有五十年的緩和期。

亞他利雅王后

安托尼‧科伊佩爾（十七世紀）的這幅畫，描述大祭司耶何耶大在亞他利雅年幼的小兒子，新立猶大國王約阿斯面前，將亞他利雅逐出神殿，並在神殿外將她殺死。

47

王權統治

王權統治的歷史意義

近東的一個特殊王國

對於希伯來人來說，國王並非神，他受神的聖約和法律的約束，然而他是神所膏立者，如果神應許保護他，他就應該保證其民族的興旺，公正地統治並奉行某些拜神儀式*。忠誠、公正、慈祥，這才是理想的國王。《列王紀》中我們可以看到對少數好的國王的歌頌，如大衛、希西家、約西亞；而不敬拜神的國王卻是極多。但「一切都是在神的眼前展現。」

一個農業民族

希伯來人常常讓迦南人從事商業活動，大部分的希伯來人則過著農業生活。

希伯來人的耕作方式與古埃及和地中海其他地區的耕作方法一樣：其人口多半分布在不同程度的、有軍事工事加固的小城市中，這些城市都建立在靠近資源或水源的地方。耕作者早上到田野裡耕作，晚上則回到城牆內。以色列的十二個部族事實上一直和鄰國進行戰爭,因為他們常遭大批搶劫者的掠奪。

48

王權統治

父親的權威

父親是一家之長，他是家中的權威，一家人以他的姓為姓。兒子離家結婚，仍然是父家的成員。原則上，一家之長對其家庭成員、妻子、子女和奴隸有無限的權威。但是，猶太法律《托拉》卻對父親的權利有所限制，不承認他有生殺權：如果兒子誤入歧途，則必須將他帶到管轄全城的長老那裡，由他們決定處罰方式，有時甚至是非常嚴厲的……同樣的，他也不能隨意改變給予長子特權的自然等級制，以掃為了一盤紅豆湯而出賣了長子權*（見 p. 12），這個故事歪曲了嚴格的「自然權利」，使人懷疑長子的特權。但《聖經》中避免就這段文字提出的問題作肯定的回答。

大衛時期和今日敘利亞民宅

位於大馬色北方馬路拉附近的這座村莊住房，與大衛時期和所羅門時期所建的住房極為相似。從圖上可以看出當時住房的設計情況，耶路撒冷廢墟中清理出來的房屋就是這樣的，左邊是通往屋頂平臺的樓梯，中間是正面牆上門框的橫檔。

49

王權統治

流放與四散

亞述人的皮鞭

巴比倫人入侵

波斯人的統治

流放的歷史意義

亞述人的皮鞭

國王納貢

亞述王撒縵以色三世的
領地在立於寧祿的黑色
方尖碑上占了重要位
置,其中一景描述了以
色列王何細亞向亞述王
俯伏納貢的景象。

以色列和猶大國王捲入了互相爭權奪利的鬥
爭,這就更增長了他們向周邊大小國家擴張,
以求從困境中擺脫出來的欲望。但是,此時
一支新力量正在美索不達米亞崛起。

亞述人建都於亞述,數百年來在抵擋北
方和東方入侵者的戰爭中,建立了一支勇猛
可怕、以殘暴聞名的軍隊。其弓箭手、騎兵
和戰車在公元前九世紀發起了一次戰爭。

在公元前735年,亞述人侵入巴勒斯坦
之前,異族統治了巴勒斯坦很長一段時間,
統治力量的暫時衰落偶爾使它重新獲得一點
行動的自由,巴勒斯坦人民為確認希伯來宗
教與文化而起的抗爭,使其宗教與文化得以
保持特色。

流放與四散

亞述帝國

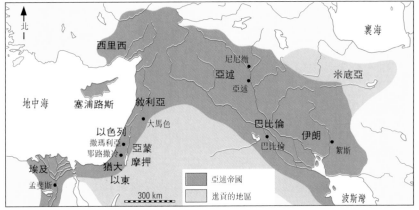

北

裏海

西里西

尼尼微

亞述

米底亞

亞述

地中海　塞浦路斯

敘利亞

大馬色

巴比倫

伊朗

以色列

撒瑪利亞

耶路撒冷

亞蒙

摩押

巴比倫

絮斯

埃及

猶大

孟斐斯

以東

亞述帝國

進貢的地區

300 km

波斯灣

放逐

卡拉城中提革拉毗列色王宮中的這塊浮雕,將兩幅互成強烈對照的景象並列放置:下圖,亞述王乘坐豪華玉輦;上圖,被放逐的希伯來人列隊離開戰敗的城市,後面跟著揮舞大棒的亞述士兵。亞述人兇惡殘暴,為了在他們征服的地方稱霸,採用了一種簡單

又有效的辦法:有步驟地流放所有屬於領導階層的希伯來男女。並採取一些根本的措施,即將亞述各地的一些人舉家遷入被流放者的家園。然而,先知以賽亞的聲音在許多人心中喚起了對於上帝的信念,相信上帝會讓希伯來人度過公元前六世紀的這場劫難。在先知看來,

這場侵略及其所帶來的痛苦是上帝安排的;它是對希伯來人的懲罰,因為希伯來人已經墮入不義和貪婪,「人民的邪惡好像焚燒荊棘的火蔓延著,……因為上主——萬軍的統帥震怒了。他的懲罰像火一般,遍地焚燒,毀滅了人民。」(《以賽亞書》九,17-18)

53

流放與四散

「以色列王以拉的兒子何細亞在位的第三年，亞哈斯的兒子希西家作猶大王……他除掉山丘上的神廟，拆毀了石柱，砍倒了亞舍拉女神的木柱，又打碎了摩西所造的銅蛇——尼忽士但。」（《列王紀下》十八，1-4）

以色列王國的滅亡 （公元前721年）

亞述王撒縵以色數十次舉兵西征，並敲詐大馬色、推羅、西頓或迦巴勒，敘利亞和巴勒斯坦的國王們都向他納貢。在短暫的衰落後，亞述王的擴張於公元前八世紀又加劇了。

亞述王提革拉毗列色每年都舉兵發動戰事，凶殘不停地進行殺戮和毀滅。北方王國首都撒瑪利亞在被圍困三年之後，終於在公元前721年被亞述人攻取。

以色列王國這時已積弱深重，只有完全歸順於大亞述帝國。耶路撒冷和猶大王國則暫時在劫難中逃生。

宗教改革（公元前622年）： 《申命記》（或「重申律法」）

在宗教上說，這一時期也是一個矛盾衝突的時期：腓尼基和其他的異教神在以色列王國擁有很多的信徒，引起了耶和華信徒們極大的憤慨！公元前622年，約西亞在耶路撒冷神殿中發現了聖約的律法書，這部律法書一直被他們信仰他神的先人埋沒了。

一場由「申命派」所倡導的、全面而深刻的反思開始了。「申命派」對《聖經》創作起了極為重要的作用。

當時一個重要的事件是，約西亞又重新開始守逾越節，而自從士師時代開始就沒有守過逾越節了！

54

流放與四散

巴比倫人入侵

大國的角逐

大批的侵略者從北方和東方山地平原蜂擁而至，美索不達米亞地區的大國則相互交替角逐。公元前610年，在一些現已消失民族的聯合進攻下，亞述帝國終於覆滅。

然而，一個新興的力量在這一片殘局中崛起，新巴比倫帝國統治了整個肥沃的新月地區。巴比倫王尼布甲尼撒＊（公元前605–562年）緊接著大敗埃及，繼而征服了敘利亞和巴勒斯坦中那些亞述人的鐵蹄尚未踐踏的地方，這時是公元前601年。他又決定懲罰其附庸猶大國王約雅敬（公元前609–598年）的反叛，然後又圍困耶路撒冷，迫使它投降（公元前598年）。

巴比倫之獅

這是赫梯時代的石雕獅子（約公元前2000年），被擄的猶太人尚能看到這個戰利品。

新巴比倫帝國

占據了整個肥沃的新月地帶。

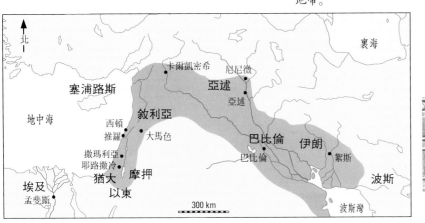

流放與四散

巴比倫河畔

在美索不達米亞南部、波斯灣海岸、現今伊拉克的巴士拉附近，底格里斯河與幼發拉底河匯合後分成許許多多細小的河流，這裡草木繁茂，數千年前，人們便在這塊土地上生存。

流放與四散

聖殿被毀（公元前587年）

公元前598年，尼布甲尼撒*攻陷耶路撒冷，將猶大國的王室、軍隊官員和工匠藝人擄到巴比倫。耶路撒冷的第二次反抗又遭到了巴比倫王的鎮壓，在長時間的圍困後，耶路撒冷於公元前587年再度被攻陷。

這年八月，尼布甲尼撒的巴比倫軍隊進入耶路撒冷，將它投入血與火的劫難之中，所羅門建立的神殿在火焰中崩塌，約櫃在這翻天覆地的動蕩中永遠消失了。勝利者捉住猶大國王西底迦，並在他眼前殺死他的兒子，然後掏去他的雙眼，將他囚禁於巴比倫。

流放巴比倫

公元前598年後被留下來的猶大國顯要人物，這次和耶路撒冷城民一起都被擄到巴比倫去了，而猶大王國和已經覆滅的以色列王國一樣，成為巴比倫帝國的一個省。

巴比倫及巴比倫之神馬爾杜克的光彩輝

流放之歌

《詩篇》第137(136)篇，1-5

我們坐在巴比倫河畔，

一想起錫安就禁不住哭了！

在河邊的柳樹上，

我們把豎琴掛了起來。

煌，與希伯來人國破家亡的恥辱所形成的強烈對比，讓希伯來人痛苦萬分。難道耶和華神放棄了他的子民，讓他們飽受凌辱？

一個淨化了的宗教

雖然希伯來人被流放到遠離耶路撒冷的巴比倫，但他們仍聚居在一起，追思著被毀的神殿。

令人佩服的是，他們並不在流放的土地上建造任何聖殿，因為他們心中思念的仍然是耶路撒冷。

他們當中有一些人非常有學問，而被眾人尊為宗教事務方面的權威，在這樣的情況下，他們撰寫了許多「祭司作品」以整理文學和宗教的遺產，並繼承了以色列律法的傳統本質。

好多個世紀中，巴比倫的希伯來人社團基本上遵循著神和他們祖先的律法，而以其傳統研究的卓越成就，和內心深處的宗教反思著稱。

被擄的樂師

這幅尼尼微的賽納克里布（亞述王）王宮中的浮雕，印證了一百年後創作的《詩篇》第137篇。以色列王國的居民於公元前721年被流放到亞述後，取代他們的是外地來的移民。

俘虜我們的人要我們唱歌；
折磨我們的人要我們歡娛他們。
他們說：來！為我們唱一曲錫安的歌吧！
處身外邦異國，
我們怎能唱頌讚美上主的歌呢？

流放與四散

耶利米哭耶路撒冷

這幅19世紀的畫誤解了耶利米這位先知內心的激情：他無時無刻不在努力喚醒他的人民。

流放與四散

以賽亞、耶利米、以西結、但以理等「大先知」們聲名永傳。另有12位「小先知」，如俄巴底亞、約珥、阿摩司等。

「上帝如此說……」

耶和華的預言者以西結也是俘虜之一，他的話像火一樣，使這些離鄉背井的人仍抱有一絲希望。

另一位先知耶利米也從耶路撒冷向被擄的人們傳來了希望的消息：「上帝如此說……『我必領你們返回你們被擄來的地方』。」先知耶利米認為抵抗巴比倫軍隊是愚蠢的，並把這個話在耶路撒冷到處傳播。他被當作民族叛徒而關入監獄，但卻也重新喚起了在巴比倫的流放者們的勇氣。

**大流士一世時期
的錢幣**

*波斯王在這枚錢幣上鑄
造了其軍隊戰鬥主力的
弓箭手形象。*

凶惡的尼布甲尼撒*統治的巴比倫帝國不到80年就覆滅了。公元前539年，它被新興的米底亞和波斯王居魯士擊敗後，隨即便消失了。居魯士和他的繼承者不僅小心地避免與他們統治之下、不同信仰的民族發生衝突，而且還幫助這些民族復興他們的語言和宗教。敘利亞和巴勒斯坦一帶所用的阿拉姆語因而成為波斯帝國的官方語言。

居魯士的詔書
（公元前537年左右）

居魯士下詔書通令重建耶路撒冷聖殿，他還進而宣布，將公元前587年，尼布甲尼撒從所羅門神殿中所掠奪的巴比倫祭物歸還給新的聖殿，這便是重返錫安的信號。

被流放到巴比倫的希伯來人本來是有錢有勢或非常有學問的人，有的迅速適應了新居留地的生活環境，成為波斯王的行政官員，有的還被納為國王親近的參事。居魯士的決定無疑還是受到了這些身居高官要職的希伯來人某種程度的影響。

流放與四散

流放的歷史意義

南方的猶大王國在巴比倫統治的時期倖存下來，並在那裡匯聚了這個與神立約的民族的全部精神。正是在這個時期，他們開始用「猶太人」這個名字來稱呼猶大之地的居民，指的是居住在那裡的全體希伯來人的後裔。

散居的猶太人[*]

無論是受亞述人還是巴比倫人的流放，抑或是他們自願離開巴勒斯坦，大部分的希伯來人都散居在整個地中海地區。在這塊四分五裂的土地上，人口並不多，不僅僅是因為人口大量外流，也是因為連年戰亂所帶來的無數殺戮和大屠殺之故。

巴勒斯坦甚至失去自己的存在，而於公元前一世紀時成為羅馬帝國的一個小省。

**美索不達米亞的
一個標誌**

美索不達米亞的許多神常常被描繪成騎在公牛、公羊或雄獅等動物上，這些動物就成為神像的臺座。學者把這個特點與《聖經》中的「金牛犢」聯想在一起。

流放與四散

壯觀的巴比倫城

兩河流域眾多的城市中，巴比倫城無疑是最著名的。尼布甲尼撒*把它建成了東方最美麗壯觀的城市，其空中花園和使用提升機的灌漑最為著名，稱為世界七大奇蹟之一。它還有壯麗的宮殿和高達90公尺、成為《聖經》中巴別塔原型的巴比倫塔，象徵著人類想要與神一爭高低的愚蠢。

流放與四散

流放歸來的希臘人和羅馬人

重返耶路撒冷

希臘帝國的一個省

羅馬人的控制

重返耶路撒冷

以斯拉誦讀律法書

祭師以斯拉和尼希米流放歸來後一起致力於重建聖殿的工作。他是復興耶路撒冷，猶太人宗教策源地的領導者（馬賽克鑲嵌畫，杜拉歐羅普斯猶太教堂）。

重建聖殿

留在猶大地，或公元前538年後逐漸從流放地返回的希伯來人，在以斯拉和尼希米兩位先知的帶領下重建耶路撒冷聖殿。

公元前五世紀下半葉，先知們重新賦予耶路撒冷猶太人社團生命和力量，並採取一連串審慎的做法以區分耶和華的信徒和其他人。

以色列的宗教統一從此建立在五個堅如磐石的基礎上：耶路撒冷、聖殿、律法書（或稱《托拉》）、祭司、守安息日（見p.77）。

七權燭臺

公元70年耶路撒冷聖殿被劫時，臺塔斯的士兵們將許多物品劫掠到羅馬，其中有這個七權燭臺，它原放於聖殿的一個大廳中。

流放歸來的希臘人和羅馬人

撒瑪利亞人離開耶路撒冷

古代北方王國撒瑪利亞的居民有一部分是定居在那裡的亞述人的後代。在耶和華信徒的眼裡，他們已有偶像崇拜之嫌，在耶路撒冷的人拒絕他們協助重建聖殿之後，他們便結隊離開耶路撒冷，並在示劍附近的基利心山上建立了他們自己的神殿。

祭祀*用具

公元六世紀時，這幅馬賽克鑲嵌畫被裝飾在以色列貝特雪安猶太教堂的地面。右邊是耶路撒冷聖殿中，用來遮掩通往聖所之路的門簾，左邊是七權燭臺、焚香用的鏟、羊角號。

流放歸來的希臘
人和羅馬人

希臘帝國的一個省

亞歷山大的帝國

亞歷山大大帝死後，帝國便被他手下的將軍和他的後代們瓜分，成為托勒密王朝和塞流卡斯王朝。

亞歷山大大帝

這尊公元前四世紀的大理石半身像現藏於雅典的衛城博物館。

流放歸來的希臘人和羅馬人

一個接著一個的帝國在肥沃的新月地帶興起，轉瞬即逝，被征服的巴勒斯坦卻依然如故，一直都是帝國眾多省份中的一個。公元前333年伊蘇斯戰役之後，亞歷山大大帝稱霸整個中東地區，他似乎很得心應手地，將對希臘的和諧統治擴展到了整個古代世界，從印度直到西班牙。但這位年輕的征服者不久夭折，其帝國隨即崩潰。

到了公元前170年，巴勒斯坦淪入塞流卡斯王朝安條克四世艾匹芬尼斯的統治之下。貪婪、野心勃勃，但卻又愚蠢無知的艾匹芬尼斯完全不將以色列的宗教文化放在眼裡，而企圖以希臘式的「現代化」來改造這個在他看來如此落後的猶大地區（猶地亞）。他在那裡到處建造古羅馬式的公共浴室和體育館，而這些做法得到一群富裕民眾的歡迎。

馬加比起義
（公元前165年）

然而虔誠的猶太人怨聲載道。安條克為了政治上的野心,肆無忌憚地搶劫了聖殿的財寶,以做為擴張用的經費,最後還在公元前 167 年,在耶路撒冷的聖殿中,建造了一座宙斯的神像和祭壇,並在祭臺上用豬肉(猶太人禁忌的食品)獻祭,供奉這位希臘眾神之主。

由於從前希伯來的宗教信仰禁食豬肉,所以他們無法忍受安條克的作為,於是便爆發了由猶大·馬加比及其弟兄所領導的武裝起義。

第一個猶太人的國家
（公元前104年）

馬加比兄弟戰勝了一個又一個看似強大的敵人,終於迫使當時中東的霸主——羅馬人,承認了一個新猶太人國家的獨立。他們潔淨聖殿,「大衛的新王國」日益發展壯大。然而,馬加比家族王朝的力量太過於軍事化,所以很難得到依戀傳統的猶太人支持。

馬加比兄弟以身殉國的這段歷史插曲很清楚地表達了鬥爭的慘烈:當他們一個接一個地起誓:眾兄弟和每一個人都將「戰死而決不有辱於先人」時,安條克四世艾匹芬尼斯,在還沒有把這個猶太人國家以烈火炙燒之前,其實早已將它殘酷地生吞活剝了。

亞歷山大大帝建立的這座港口城市——亞歷山大里亞,庇護了希臘化世界中一批最重要的猶太人。《聖經》中的各書於公元前三世紀時在這裡被譯成希臘文。

「大衛之星」

這幅公元三世紀的浮雕源於卡法那猶太教堂。這個六條邊的星星具有猶太教的象徵性意義。

67

流放歸來的希臘人和羅馬人

羅馬人的控制

「攻占猶地亞」

羅馬韋斯帕西恩皇帝時期的錢幣，上面鑄造的拉丁文意思是「攻占猶地亞」，它是公元前70年，羅馬軍隊攻占耶路撒冷後發行的，意欲藉此錢幣將這一消息帶至世界各地。

公元前76年，曾經允許新建的以色列國之最大發展的亞歷山卓·喬那伊斯王死後不久，他的兩個兒子之間為了爭權奪利，發生了野蠻的鬥爭，這使羅馬加強了對巴勒斯坦的控制，羅馬人在上個世紀末的時候就已經牢牢地建立了對中東的統治。

公元前63年，龐培大將軍的軍隊攻陷耶路撒冷。勝利者們侵入只有祭司能夠進出的聖殿圍牆，以表現他們對猶太人的蔑視，這在信教的猶太人看來是不可忍受的褻瀆！但猶太人仍舊行自己的教，守自己的法。

希律王

政治上的激烈動蕩意味著羅馬共和國時期的結束，在這個動蕩的反衝力之下，巴勒斯坦於公元前40年落入了希律王的統治，羅馬人任命他為猶太王。希律王既殘暴又狡詐，屠殺了許多自家的親人，以穩固自己的權力。希律為人民所深惡痛絕，他為了宏大的政治軍事工程而橫征暴斂；他大興土木，在凱撒城建造了未能完工的凱撒里亞港；並在前一時期毀滅的舊城廢址上重新建立了撒瑪利亞城，且重建耶路撒冷第二聖殿。希律王死於公元前4年。

流放歸來的希臘人和羅馬人

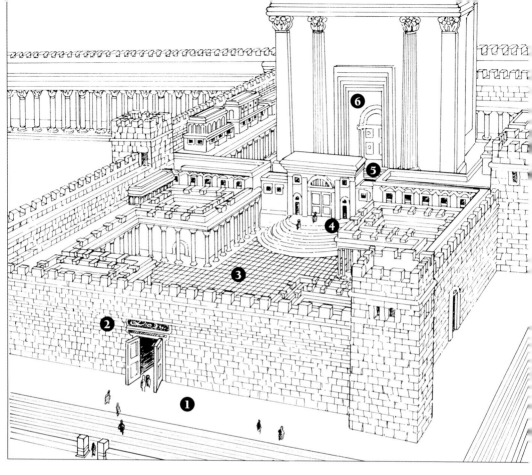

希律王神殿

關於第二聖殿，考古學家們的發現並不多（它於公元70年毀於提圖斯軍隊），但現有的材料足以生動地複製出當時聖殿的基本面貌。聖殿建於一個平臺上，四周柱廊環繞，一層層庭院，越往裡越難進入。第一層是「外邦人（即非猶太人）院」①；「美門」②裡面是「女院」③。只有經過尼卡諾之門④才能進入圍繞「至聖所」的最後一個院⑤，這個院分為「以色列人院」和「祭司院」兩部分，院內設有祭壇。只有某些祭司可以進入至聖所⑥；只有大祭司才能進入至聖所最深處遮掩約櫃的幔子內。為了有效監視聖殿中的各院，希律王還在大殿西北角建立了安東尼亞樓。

流放歸來的希臘
人和羅馬人

希律王宮

希律王是一位以土買（希伯崙*地區）貴族的兒子，並不信仰希伯來宗教。他野心勃勃，又心狠手辣，先由其父安提帕特任命為加利利的將軍，安提帕特是羅馬大將軍凱撒任命的行政長官，管理猶大地區這個羅馬省。有一次希律由於害怕耶路撒冷猶太法庭的審判而逃到埃及。希律王殺害過許多政敵，馴服羅馬人，被羅馬人封為「猶太王」。為了穩固他的權力，他殺死了所有與他為敵的人。然而，希律王又是大建築者，他重建了塞巴斯特和該撒利亞（凱撒城）等被毀的城市，還想把耶路撒冷建成一座羅馬式的城市。他修建大型引水道，改進了城市供水系統（見p.62），甚至還重建聖殿。在希律王宮的建造中，他大興土木，揮霍無度的個性得到了充分表現。從公元前24年到公元前15年，希律在伯利恆東南10公里的地方建造了希律王宮，以紀念他的勝利，並在此建造陵墓，以名垂青史。這座王宮既是宮殿又是城堡，建在一座大部分為人工疊成的山頭上，要經過200級白色大理石臺階並轉70圈才能進入宮中。公元70年，希律王宮被羅馬人夷為平地。

流放歸來的希臘人和羅馬人

馬薩達

希律王於公元前36年至30年間建造馬薩達要塞，其位於猶地亞曠野中死海西岸約450公尺高的岩岬角頂，希律王死後為羅馬駐軍把守。

公元66年那場稱為「猶太戰爭」的大起義之初，羅馬駐軍被猶太軍隊趕走。公元70年戰爭結束，猶太人的暴動遭到羅馬人的鎮壓，馬薩達仍頑強抵抗。

公元72年，羅馬將軍佛拉維烏斯·西瓦爾決定結束馬薩達的戰鬥，當羅馬軍隊包圍這個要塞時，圍困在那裡的猶太男女和兒童有近千餘名。

在羅馬軍隊的猛烈進攻下，陷入絕境的猶太人卻寧死也不願投降，直至最後一個自殺身亡。

據當時的人和歷史學家弗拉維烏斯·約瑟夫斯的說法，只有兩位婦女和六個兒童倖存下來，他們躲在一個蓄水池下。就連羅馬士兵在進入馬薩達的時候，都對他們所看到的景象驚駭不已。

71

流放歸來的希臘
人和羅馬人

基督教的興起

公元一世紀，基督教迅速興起，先是猶太人，然後是希臘人和羅馬人，他們都接受了被釘死於十字架上（約公元36年）而又復活了的耶穌基督。

這些基督徒們到處傳播耶穌的言論，先是口頭傳誦，後來有文本流傳，福音書便是這樣誕生的。到這時，散居各地的猶太人＊社團＊都加入了這股流行於亞歷山大里亞、以弗所和羅馬的新趨勢，同時也出現了一個信靠耶穌基督的猶太人掃羅，他在成為基督的門徒後改名為保羅。保羅數次四處傳教，經受過許多磨難，最後死於羅馬。

聖徒保羅

保羅是位很有學問的猶太人，開始時曾壓迫耶路撒冷的早期基督徒，在去大馬色的路上遇見耶穌顯聖後便相信耶穌基督，而成為「外邦人的使徒」，外邦人就是非猶太人。

72

流放歸來的希臘人和羅馬人

提圖斯皇帝和第二聖殿被毀（約公元70年）

希律王死後，巴勒斯坦便落入羅馬總督的直接統治之下。因羅馬統治者對猶太傳統的愚昧無知，於是便和整個猶太民族對立起來。公元66年爆發的猶太人起義，最後在公元70年以提圖斯軍隊攻占劫掠耶路撒冷而宣告結束。聖殿第二次被毀，此後便沒有重建，猶太人最終還是失去了他們的集居地。

搬運七權燭臺

這幅浮雕是羅馬提圖斯拱門的內部裝飾（公元一世紀）。羅馬士兵剛從燃燒的聖殿中搬出七權燭臺。

73

流放歸來的希臘
人和羅馬人

日常生活與節日

希伯來人的一天

宗教儀式

以色列的節日

希伯來人的一天

希伯來人的一天從日落開始，隔天同一時間結束。

星期五的第一顆星星出現時，這一天尚未結束；當第二顆星星出現時，正是兩日交替之間；第三顆星星則是安息日的開始。顯然，這樣的規定只能見於天空極少有雲遮掩的地區（《創世記》二）。

日常生活與節日

宣講《托拉》
每個星期，每個猶太會堂裡都要由猶太教長老宣讀《托拉》中的一段。

猶太會堂似乎出現於公元前六世紀的巴比倫，它們是祭司禱告和研習《托拉》的地方。猶太會堂都朝向耶路撒冷，會堂內設大櫃，內裝一本《托拉》、一盞長明燈、一個七權燭臺和斜面的主祭臺。

安息日：第七日

最早的時候，希伯來人將每星期的第七日賦予不同的意義，而將它奉獻給崇拜耶和華神的儀式，以紀念造物主在創世的第六天後休息的那一天（《創世記》二，3）。巴比倫流放之後，守安息日被當作與上帝立約的民族的標記。猶太信徒們至今仍把安息日作為休息日，停止一切工作。《出埃及記》（三十五，3）中說：「在安息日，縱使在自己家裡也不許生火。」然而，當人們只能用燧石打火或鑽木取火的時候，生火並不是一件輕而易舉的事。各家便在前一天夜裡作好第二天過節的準備，婦女們在星期五的日落前烹調食物並掌燈，而整個安息日燈都是燃亮著的。

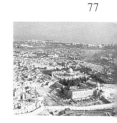

日常生活與節日

宗教儀式

聖殿被毀後，猶太人的生活和禮拜活動都是圍繞和在猶太會堂中組織起來的。從那時候起，不公開的宗教生活儀式便具有了更為重要的意義。

哭牆

這是希律重建的第二聖殿的殘垣斷壁（見 p. 68）。許多遵守教規的猶太人都來此憑弔這座經歷過無數次戰爭的殘牆，他們全身搖搖擺擺地唱誦著《托拉》中的篇章，或在大石塊之間的夾縫中塞入寫滿祈禱文字的小紙片。

你聽啊，以色列

以色列人哪，你們要留心聽！
上主是我們的上帝；惟有他是上主。
你們要以全部的心志、情感，
和力量愛上主 —— 你們的上帝。
今天我向你們頒佈的誡命，
你們要放在心裡，殷勤教導你們的兒女。
無論在家或出外，休息或工作，
都要不斷地溫習這誡命。

《申命記》六，4

78

日常生活與節日

入教儀式:
猶太男子成人禮

男子成人禮代表著被接納入摩西律法的領域（大約13歲的男孩），從此他可以和至少六至八人一起共行祭禮。

服飾

聖殿最終被毀後，猶太人認為遵守對衣著的規定是忠誠的表示：人們在某些儀式上穿著的服裝，具有嚴格的儀式禮儀性，應該遵從嚴格的規定。

戴小帽做禮拜

祈禱時戴小帽的慣例並不見諸於聖經中任何一條規定，這似乎是流放巴比倫時所形成的一種習俗。遵守教規的猶太人戴著這種希伯來語中稱為「契巴」的無邊圓帽，表示對傳統的尊重。

帶流蘇的披巾和經匣

一位小伙子肩上披著祈禱時用的披巾，展讀《托拉》經卷。中間和左邊兩人面前的是經匣，即盛放表白以色列人宗教信仰的文本的盒子，「你要聽，以色列。」猶太人早晚都要吟誦這段基本的禱文。

日常生活與節日

割禮

一些民族有行割禮的習俗,比如穆斯林人也行割禮,即割去全部或部分包皮。割禮是《聖經》上規定的,與上帝立約的標記(《利未記》十二,3;見p. 8)。安條克四世禁行割禮(公元前175–164年),從那以後行割禮成為遵守與上帝之約的標誌(《馬加比一書》一,48)。

符合猶太教規的食品

這些食品符合猶太教規的規定(規定細至食物成份的選配和烹製)。肉食是按規定屠宰並淨血過的獸肉,可以從專門的店鋪或肉食架上買到。

日常生活與節日

巴黎的猶太人肉鋪
巴黎這家肉鋪的櫥窗上標明所售的是「符合猶太教規的食品」(按法文拼寫為cachere), 現在越來越能在超級市場的專營架上買到符合猶太教規的食品。

世界上所有的民族都是按著月和季節的單調變化以確立節期的，希伯來人的節日幾乎都是農業生活的重大節期。希伯來人的宗教信仰對這些節日產生了深刻的影響。

猶太新年(Rosh Hashana)

希伯來人的新年有過多次變化，大衛和所羅門時期，它是在春天的尼散月的第一天。事實上，猶太新年是在秋天的提斯流月的第7天過的，這是個歡樂的節日，以紀念世界萬物的創造。

贖罪日(Yom Kippour)

新年後第10天是贖罪日，這是沈思和哀悼的節日，紀念以色列對聖約所犯的罪過。只有在這一天，大祭司才有權進入耶路撒冷的至聖所。

住棚節(Soucoth)

住棚節在秋天的開始，秋收的時節。來耶路撒冷的朝聖者在帳篷裡住七天，以紀念希伯來人出埃及後在曠野裡的漫長流浪，這種帳

猶太曆中的一年	
提斯流月	9月/10月
馬西班月	10月/11月
基斯流月	11月/12月
提別月	12月/1月
細麗特月	1月/2月
亞達月	2月/3月
尼散月	3月/4月
以珥月	4月/5月
西灣月	5月/6月
搭模斯月	6月/7月
埃波月	7月/8月
以祿月	8月/9月

81

日常生活與節日

住棚節

這是在比利時的猶太人社團過住棚節。一家人在收割地的一間棚屋中宿營八天。

篷類似於秋收時，農民在田野裡宿營的那種小棚屋。

修殿節(Hannouca)：光明的節日

修殿節是在十二月冬至的時候過的，是一個光明的節日，以紀念馬加比戰爭中的一個傳奇時期。當時聖殿中點燈用油的供應由於戰爭而中斷了，據說剩下可以使用的油只能維持七天點燈用。修殿節持續一星期，各家各戶每天晚上增點一盞燈。修殿節具有家庭節日的性質，但它同時也洋溢著懷念反抗壓迫的英雄們的氣氛。

日常生活與節日

普珥節(Purim)

普珥節在亞達月（二月至三月間）的第14和15天，紀念猶太人從波斯宰相的死亡威脅中解放出來。波斯王在他的猶太人王后以斯帖的影響下，廢除了屠殺猶太人的決定。這個故事見《以斯帖記》。

逾越節(Pessah)：復活的節日

每年尼散月的第15日都要以耶路撒冷聖殿為背景，隆重慶祝這個復活的節日，人們以宗教儀式的形式重演出埃及時那最精彩的一幕，幾乎所有的以色列人都來到耶路撒冷參加這一盛典，這是一年中一次盛大的朝聖。

逾越節紀念上帝挨家巡行：「你們用綿羊或用山羊都可以,但必須是一歲大的公羊,

逾越節

摩洛哥的一家猶太人家在過逾越節。父親在酒碗裡倒十次酒,以紀念埃及的十大災難。

83

日常生活與節日

「無酵餅」即不加酵的麵餅,逾越節的七天內,各家都應吃無酵餅:「當夜要吃羊羔的肉,用火烤了,與無酵餅和苦菜同吃。」這種不加酵的餅象徵著希伯來人受埃及人奴役時的所有苦難。

而且是沒有殘疾的⋯⋯人民要拿一些(公羊)血塗在屋子的門框和門楣上⋯⋯這是上主的逾越節。那一夜,我要降臨埃及,殺死一切頭胎生的,不管是人是牲畜,我是主主。門框上的血是你們所居住房屋的記號。當我看到這血,我要越過你們的家。在我懲罰埃及人的時候,決不傷害你們。」(《出埃及記》十二,5–13)

五旬節(Shavouot)

五旬節在小麥收割的季節,這是歡樂與喜慶的一天,人們以大地產出的新麥獻祭(《出埃及記》三十四,22中稱五旬節為「七七節」,因為它在逾越節的七個星期之後將第一捆初熟的麥子作祭獻物)。

這也是立誓的日子,年復一年地重續與耶和華神的聖約。

巴比倫流放之後,猶太人守五旬節以紀念摩西在西乃山領受十誡。

「五旬節」(Pentecôte) 一詞譯自希臘文 "pentèkostè",意為「五十」,事實上,五旬節正好是逾越節之後的第50天。

84

日常生活與節日

詞彙問題

希伯來還是猶太?

☐《聖經》上多次使用了「希伯來」一詞。「希伯來」一詞如今常用於指聖
經時期的這個古代民族。「希伯來」一詞還用於指一種目前仍然使用的語
言，即希伯來語，但現代希伯來語與古代希伯來語是不同的。

☐「猶太」一詞（拉丁文judæus，希臘文ioudaios）首先用於指猶地亞的居民。
亞歷山大大帝時期用於指巴勒斯坦地的全體居民。在被羅馬人征服後，這
一詞為散居世界各地的猶太人總體，和仍然堅持信仰猶太教的人們所用。

以色列還是巴勒斯坦?

☐根據《聖經》，在巴勒斯坦地分居12個部落的12族長之父是雅各，耶和華神
稱他為以色列，是「與神較力者」。所羅門王死後，北方的十個部落分裂而
形成以色列王國，與南方猶大王國相對立。1948年，新建立的猶太國也取
名為以色列。

☐巴勒斯坦之名由「非利士」（希伯來文稱Peleset）一詞而來，後來希臘人稱
之為「巴勒斯坦」(Palaistine)，又發展為拉丁語中的"Palestina"及英語、法
語中的"Palestine"。

散居世界各地的猶太人*: 德國猶太人和西班牙猶太人

☐從中世紀早期以來，許多猶太人社團定居於東歐和西班牙（希伯來語稱
Sépharad）等地。15世紀末，西班牙猶太裔(Sépharadims)遭西班牙驅逐，許
多人逃亡北非。

☐德國猶太人(Ashkénazims，希伯來語稱德國為Ashkénaz)指中歐和東歐的猶
太人，他們使用一種由古代德語、希伯來語和斯拉夫語混合成的「意第緒
語」(yiddish)。17世紀後，其中一些人回到了聖地。

猶太復國運動

19世紀末歐洲發展起來的反猶主義*，和俄國的反猶活動，促使歐洲猶太人尋
求其「應許之地」的庇護。猶太復國主義，即以創建猶太國為目的的一場政
治運動，1895年在西奧多·赫茨爾的《猶太國》一書中提出，而這場運動終
於在1948年創立了猶太國（見p. 92）。

《聖經》
經文的創作歷史

《聖經》起源於不同地區各支族的口傳形式，逐漸組合而形成文本，由多種體裁的經文所組成。這部巨著從公元前約1300年起經過了一千年的修改和完善。

我們所看到的《聖經》都不是原始的經文，而是不斷翻印的文本，用於禮拜儀式的集會。最早的文本是先刻在泥板上，然後印在埃及紙莎草紙上或羊皮卷軸上。

《聖經》書目

希伯來人將《聖經》中的各書分為三個組成部分，其中以《托拉》即《摩西五經》為核心。

1.《創世記》
2.《出埃及記》
3.《利未記》
4.《民數記》
5.《申命記》

6.《約書亞記》
7.《士師記》
8.《撒母耳記》（上、下）
9.《列王紀》（上、下）
10.《以賽亞書》
11.《耶利米書》
12.《以西結書》
13.《十二小先知書》

14.《詩篇》
15.《約伯記》
16.《箴言》
17.《路得記》
18.《雅歌》
19.《傳道書》
20.《哀歌》
21.《以斯帖記》
22.《但以理書》
23.《以斯拉／尼希米記》
24.《歷代志》（上、下）

《托拉》(Torah)
或稱《律法書》
或《摩西五經》

先知書(Les Nebiim)
或歷史

文集(Les Ketoubiim)

二十世紀
的
一次新發現

1947年，一些牧羊人在庫姆蘭地區偶然發現了最早的《聖經》手抄本，被裝在上圖所示的那種罐子裡，而存放於懸崖峭壁上開鑿的山洞深處，那是公元 66–73 年，抵抗羅馬人戰爭時期的一個猶太人社團藏在那裡的。這些手稿多已朽壞，如上圖所見。

87

如何在《聖經》中尋找某一段？

引用《聖經》時，一般用縮寫法標明出處，聖經公會譯本中採用的形式最為常見，比如引用《創世記》中第七章第12節描述挪亞時代大洪水*的那一段，可記作：《創》七，12（希文記作：Gn 7, 12），也可寫作《創世記》七，12。

希伯來文字

最早的《聖經》文本是用希伯來文寫成的（或用阿拉姆語，但這種文本只存一些殘篇，包括《但以理書》的一部分和《以斯拉記》的一些章節）。古代希伯來語是閃族語系中的一種，類似於阿拉伯語和巴比倫語，與歐洲各種語言則差別較大。現代希伯來語與古代希伯來語比較相近。希伯來文從右到左書寫，原是逐漸展開卷軸來閱讀的。

最初的時候，書寫時只寫詞的「詞根」，而詞根只用輔音字母（一般為三個），發音用的母音是不寫出來的，由上下文來決定詞意。後來才創造出了不同的母音標記法。

因此，讀"BRK"這個詞時，就要對決定詞意（感謝、感恩、祝福、降福等）的「詞根」進行選擇：barék：動詞原型；bérak：單數第三人稱過去式；bérekou：複數第三人稱過去式；yébarék：單數第三人稱未來式；barouk：過去分詞；bérouka：形容詞（陰性）；béraka：名詞。以下是希伯來文字的幾個例子，後附翻譯：

בראשית

讀作Béreshit，意為「起初」，《聖經》中的第一個字。

שמע

讀作Chema，意為「你聽」，猶太人表白信仰時常用的開頭語（見p. 78）。

!שלום

讀作Chalom，意為「你好」，招呼語。

אלפבית

讀作Aleph-beit，意為「字母表」，由字母表中的第一和第二個字母合成。

拉丁文	阿拉姆語	希伯來文	古希臘文
A B			
C D			
E F			
G			
H I			
J			
K			
L			
M N			
O			
P			
Q R			
S			
T U			
V X Y			
Z			

希臘文《聖經》

希伯來文《聖經》中的各書在公元前三世紀後被譯成希臘文，這種希臘文《聖經》稱作《七十子希臘文聖經》，因為據說這是由大祭司選定的 70 名亞歷山大里亞的學者所翻譯而成的。

《聖經》中的一些用語

《穿越曠野》：指人生失敗與挫折的階段，原意為希伯來人出埃及時在曠野上流浪。

《不要悲傷！》：不要哭泣，不要哀傷！源於《耶利米書》，先知耶利米對以色列人流放巴比倫和聖殿被毀而哀傷（見 p. 56），故耶利米的名字成了希文中「悲傷」的代名詞(jérémiad)。

《這是巴比倫之塔！》：「亂烘烘的，什麼也聽不懂！」《創世記》十五，5-10 上說，人們決定要建造一座塔，塔頂通天，與上帝並齊，但上帝使人們講不同的語言，使人們不能相互溝通，無法完成建塔。巴比倫之塔名為「巴別塔」，在希伯來文中意為「變亂」。巴比倫之塔指說不同語言的人們聚集在一起，不能相互理解。

《壽比瑪士撒拉》：指極為高壽！《創世記》五，25-27 中說，挪亞的先人瑪士撒拉活了969歲！

《瘦牛時期》：指人依賴積蓄為生的經濟困難時期，源於約瑟為法老解夢的故事，他夢見七頭肥牛，又夢見七頭瘦牛（見 p. 14）。

補充知識

89

古代近東重大事件		希伯來人
	-2000	
	族長	
	-1900	約-1950：亞伯拉罕及其部族從吾珥遷往哈蘭，而後進入巴勒斯坦。
	-1800	雅各
約-1780（埃及）：來自迦南的西克索人統治。		以撒
約-1700：巴比倫王漢摩拉比的法典。	**-1700**	約-1700：約瑟；一些希伯來人部族進入埃及。
	-1600	
約-1580（埃及）：西克索人被逐，新帝國開始。	**-1500**	
	-1400	約-1390：希伯來人在埃及受奴役。
-1301～-1235（埃及）：拉美西斯二世統治。	**-1300**	約-1250：摩西與希伯來人離開埃及。
	出埃及	約-1230：約書亞
約-1200：非利士人和其他「海上民族」入侵並定居沿海平原。	**-1200** 征服巴勒斯坦	希伯來人進入迦南。耶利哥城毀滅。
	-1100 士師	-1010～-970：大衛，猶大和以色列之王。
	-1000 王國	-972～-933：所羅門，猶大和以色列之王。

補充知識

90

古代近東重大事件

王國

希伯來人

-900
以色列　猶大
約-933：王國一分為二。

-800

-732：大馬色落入亞述人之手。
-736：猶大王烏西雅死，先知以賽亞蒙召。

-700
-721：撒瑪利亞落入亞述人之手，以色列王國結束。

約-628：先知耶利米蒙召。

約-620：但以理被流放巴比倫。

-604～-562：尼布甲尼撒，新巴比倫王，打敗亞述人。
-600
-598：尼布甲尼撒占領耶路撒冷，猶大王國終結，流放巴比倫。

巴比倫統治

-593：先知以西結蒙召。

-539：居魯士，波斯王，滅巴比倫。
-587：耶路撒冷聖殿被毀。
-500
-538：居魯士下令允許被流放的希伯來人返回耶路撒冷。

-522～-486：大流士王統治。

波斯帝國
-521～-515：以斯拉佈道，重修聖殿。

-400

-323：亞歷山大大帝之死。
-300
約-330：亞歷山大大帝的軍隊征服巴勒斯坦。

約-250：亞歷山大里亞希臘文《七十子聖經譯本》。

希臘帝國
-200
-167：安條克四世引發猶大地區的馬加比起義。

-175～-164：塞流卡斯王朝艾匹芬尼斯四世統治。
-63：龐培占領耶路撒冷。
-100

-64：龐培將敘利亞收為羅馬的一個省。
-40：羅馬人封希律為猶大地區之王。

-44：凱撒在羅馬被刺殺。
0

羅馬帝國
7或6：耶穌基督誕生。

-27：屋大維在羅馬稱帝，號奧古斯都。
70：提圖斯皇帝占領耶路撒冷。第二聖殿被毀。
100

公元70年至今的巴勒斯坦

70年： 耶路撒冷聖殿（猶太教獻祭之處）被毀，從此再也沒有重建；猶太教會堂起而代之，成為祈禱與研修之處，而不再奉獻牲祭。

132–135年： 西蒙·巴爾·科赫巴領導起義，反對羅馬皇帝哈德良公元130年所採取的激怒猶太人的作法，並成功地建立起新的猶太國，但後來在羅馬人的鎮壓下覆滅。

395年： 羅馬帝國一分為二：西部帝國和東部帝國（或稱拜占庭）。 因巴勒斯坦處於較有利的環境，猶太人因而獲得一定的自主權。

613–636年：巴勒斯坦淪入波斯薩桑王朝統治之下。

636年： 穆罕默德的繼承人（統稱「哈里發」）奧馬進入耶路撒冷，巴勒斯坦成為伊斯蘭統治下的一塊土地，但猶太人仍保持其宗教自由。耶路撒冷從此成為基督教徒的聖地，也是猶太人和穆斯林的聖地。

1099年7月15日： 十字軍攻占耶路撒冷，在巴勒斯坦也建立耶路撒冷拉丁王國。此後二百年間，基督徒和穆斯林教徒相互爭奪巴勒斯坦，最後穆斯林得勝，猶太人慘遭殺害。

1291年： 巴勒斯坦落入馬梅盧科人的統治。

1517年： 鄂圖曼土耳其人統治（直至1917年），允許歐洲受迫害的猶太人定居巴勒斯坦（主要來自西班牙）。

1917年12月10日：英國人在阿拉伯人的支持下進入耶路撒冷。（1915年起，英國人便許諾麥加的阿拉伯酋長建立一個包含阿拉伯、巴勒斯坦、敘利亞和伊拉克的大王國。）

1920年8月10日： 塞弗爾條約意味著鄂圖曼帝國的消失，而把巴勒斯坦和外約旦交由英國委任統治。但許多猶太移民的到來使得巴勒斯坦的阿拉伯人感到不安。

1932年： 希特勒上臺，其強烈的反猶太人政策引起大批猶太人暗中向巴勒斯坦移民。

1936年： 阿拉伯人大暴動開始。

1939年： 英國政府提出建立兩個民族（一半猶太人，一半阿拉伯人）的巴勒斯坦國，並強行限制猶太人移民。這個建議遭到猶太人反對，這時在巴勒斯坦的猶太人已達445,000（占總人口的30％）。

1939–1946年： 猶太人反英國人恐怖主義活動增長。

1942年： 希特勒下令「最後解決」猶太人問題，即滅絕猶太人（據估計，受害的猶太人總數達約六百萬）。

1947年： 英國放棄託管權。聯合國大會投票通過了英國接受但遭阿拉伯人反對的分治計劃。30萬阿拉伯人逃離劃分給以色列的土地，被阿拉伯鄰國難民營接納，其數量不斷增長。

1948年5月14日： 本·古里安宣布以色列國建立。阿拉伯聯盟同時發動戰爭，以色列允許猶太人占領比聯合國規定更廣大的地區。

1949年至1973年：一連串的戰爭只是增強了以色列的軍事潛力和擴大以色列的領土（1967年6月：六日戰爭；1973年10月：贖罪日戰爭）。殘暴的恐怖主義於是在「被占領土」（約但河西岸和加薩地帶）上不斷增長。

1964年：「巴勒斯坦解放組織」成立，1969年後以亞瑟·阿拉法特為其領導人。

1974年： 亞瑟·阿拉法特在日內瓦的聯合國組織發言，聲明巴勒斯坦人的自治權和獨立權。

1978年： 大衛營協議規定了約但河西岸與加薩地帶居民的自治。

1987年： 巴勒斯坦阿拉伯人暴動之初，「被占領土」上的石頭戰。

1991年： 以阿和平大會（中東和會）在馬德里開幕。

1993年： 儘管雙方不斷交戰，阿拉法特和以色列總理拉賓在華盛頓握手，確認了以色列與巴勒斯坦解放組織之間的相互承認。

1994年5月4日：拉賓和阿拉法特就「被占領土」上的「自治政府」，簽署第一階段協議，「被占領土」即加薩地帶和杰里科飛地。

1994年7月： 阿拉法特回到加薩和杰里科。

補充知識

參考書目

摩西(*Moïse*), coll. «La Bible, Ancien Testament», Paris, Univers-Média, 1979.

P. Connolly, P. Restellini, 希伯來時期人們的生活(*La Vie privée des hommes au temps des Hébreux*), Hachette Jeunesse, 1984.

J. Musset,聖經介紹(*La Livre de la Bible. L'Ancien Testament*), coll. «Découvertes Cadet», Gallimard, 1989.

聖經歷史地圖冊(*Atlas de l'histoire biblique*), Méry-sur-Oise, Sator-Mediaspaul, 1990.

A. Brenet,夏娃的衣服或如何認識聖經語言中的字彙(*Le Costume d'Ève ou Comment suivre à la lettre les mots de notre langue venus de la Bible*), Hatier, 1990.

M. Quesnel,聖經及其歷史(*La Bible en son histoire*), coll. «Questions-Réponses» junior, Nathan, 1991.

J. Tubb,聖經的世界(*Terres de la Bible*), coll. «Les yeux de la découverte», Gallimard, 1991.

聖經文化詞典，(*Dictionnaire culturel de la Bible*), Cerf-Nathan, 1992.

S. Doubnov,猶太史概要(*Précis d'histoire juive*), Cerf, 1992.

H. Rowley,聖經地圖(*Atlas de la Bible*), Centurion, 1992.

N. Baxter, E. Hodges,青少年聖經地圖(*Atlas de la Bible pour les jeunes*), Tornhout, Brépols, 1993.

R. P. du Buit,聖經中的重要故事(*Les Grands Récits de la Bible*), Deux Coqs d'or, Hachette, 1993.

B. Leroy, 1492年在西班牙的猶太人(*Les Juifs dans l'Espagne chrétienne avant 1492*), Albin Michel, 1993.

J. Rogerson,聖經之地：歷史地圖(*Les Pays de la Bible, Atlas historique*), Castermann, 1993.

A. Chouraqui,聖經中的人物(*Les Hommes de la Bible*), coll. «La vie quotidienne», Hachette, 1994.

天地故事集(*Plusieurs titres dans la collection*), «Les contes du ciel et de la Terre», Gallimard, 1994.

連環畫

Étienne Dahler, 聖經，創世，族長(*La Bible. La Création. Les Patriarches*), Larousse, 1983.

A. Royer et G. Carpentier,亞伯拉罕，創世，大衛，約拿(*Abraham, La Création, David, Jonas*), Paris, Éd. Mango, 1994.

博物館和資料館

巴黎世界希伯來聖經圖書館(Bibliothèque de l'Alliance israélite universelle), 45, rue La Bruyère, 75009 Paris.

巴黎當代猶太資料中心(Centre de documentation juive contemporaine), 17, rue Geoffory-l'Asnier, 75004 Paris.

巴黎猶太社團教育中心(Centre pédagogique communautaire juif), 19, bd Poissonnière, 75009 Paris.

巴黎拉奇中心 (Centre Rachi), 30, bd de Port-Royal, 75005 Paris.

巴黎猶太教藝術與歷史博物館(Musée d'art et d'histoire du judaïsme), 71 rue du Temple, 75003 Paris.

巴黎猶太藝術博物館(Musée d'art juif), 42, rue des Saules, 75018 Paris.

法國國家聖經精義博物館(Musée national du message biblique, 06000 Nice.

電影

參孫與大利拉(*Samson et Dalida*), réal. Cecil B. De Mille, 1949.

十誡(*Les Dix Commandements*), réal. Cecil B. de Mille, 1955.

班西拉(*Ben Hur*), réal. William Wyler, 1959.

所羅門與示巴女王(*Salomon et la Reine de Saba*), réal. King Vidor, 1959.

以斯帖與國王(*Esther et le Roi*), réal. Raoul Welsh, 1960.

耶穌與拿撒勒(*Jésus de Nazareth*), réal. Franco Zeffirelli, 1976.

補充知識

本詞庫所定義之詞條在正文中以星號(*)標出，以中文筆劃為順序排列。

一 劃

一神論(Monothéisme)
這個詞源於希臘文 monos（「唯一的」）和 theos（「神」），指只信仰一個神的宗教，與多神教相對立，多神教信仰多個神，如古代近東、埃及、希臘和羅馬人的信仰便是。三大一神教為猶太教、基督教和伊斯蘭教。

三 劃

士師(Juges)
這個詞指《聖經》中於公元前13至11世紀間，領導以色列各部族相繼反對非利士人、摩押人和其他敵人的鬥爭的英雄們。

大洪水(Déluge)
和創世記的故事一樣，《聖經》中大洪水的故事用美索不達米亞的傳說表達了普遍不同的觀點。

四 劃

反猶主義(Antisémitisme)
那些敵視猶太人並對猶太人採取種族主義活動者的思想態度。

五 劃

以賽亞(Isaïe)
先知以賽亞的活動時期大約是公元前740-680年之間。在亞述人侵略時期，以賽亞致力於揭露當時的邪惡與不公正，並激勵同胞的勇氣和信仰。

尼布甲尼撒
(Nabuchodonosor)
巴比倫王，其在位（公元前605-562年）期間為新巴比倫帝國頂盛時期，範圍一直延伸到埃及，覆蓋敘利亞和巴勒斯坦。

六 劃

先知(Prophète)
在《聖經》中，這個詞指那些上帝的代言人：以色列之神藉他們向他的子民說話。他們的作用並不像人們有時想像的那樣能夠預言未來。

七 劃

伯特利（神殿Béthel）
這個詞的意思是「神殿」，原是迦南人舉行宗教儀式的地方，公元前933年王國分裂後，伯特利成為北方王國的宗教中心。

希伯崙(Hébron)
這個地方被作為族長墓葬的聖地。

沙皇時期的猶太人大屠殺
(Pogrome)
這個俄文詞首先指1917年，前俄國沙皇時期對猶太人的大屠殺，即反猶或滅猶運動，其次指所有形式的種族大屠殺。

八 劃

邱壇(Hauts-lieux)
丘陵和山坡的高地，猶太人在上面立柱像*或祭臺進行獻祭。這個詞後來用於指值得紀念的地方，例如西乃山。

長子權(Droit d'aînesse)
在許多文化中，「長子權」賦予家庭中的長子一種特權地位，即繼承家庭的姓名和財產。

九 劃

柱像(Stèle)
豎立的石板，上面常有一段銘文或雕刻裝飾。族長們豎立這些柱像以標示宗教儀式*之地。

約櫃(Arche d'Alliance)
我們無法確定約櫃是一個祭臺還是一個可以移動的神的御座，但它是以色列各部族人宗教生活的、可移動的焦點和中心，直到所羅門王建造聖殿後才固定安置下來。

耶利米(Jérémie)
先知耶利米的活動是在一個陰沉的時期，即巴比倫人攻占耶路撒冷的時期，約為公元前587年左右。

耶茨雷埃勒平原(Jezréel)
位於加利利山南麓、米吉多附近的耶茨雷埃勒平原成為沿海平原和大馬色，及美索不達米亞之間的一條天然通道，沙漠商隊或侵略者常從這裡穿越戈蘭高地到達大馬色和敘利亞的沙漠曠野。

迦南(Canaan)
這個詞既指《聖經》中的一個人物，又指迦南人佔居的巴勒斯坦地。

十 劃

貢稅(Tribut)
被征服的民族每年要交貢稅，即向征服者交稅，作為戰敗而臣服的象徵。

閃族人(Sémite)
閃族人具有共同的所謂「閃族語系」，表示他們之間的某種親屬關係。他們無疑來自阿拉伯西部地區。傳統上將挪亞之子閃作為所有閃族人的共同祖先。

十一 劃

族長(Patriarches)
這個詞源於希臘語，意為「族人之父」。在聖經傳統中，族長即以色列各部族的祖先，部族也因此而得名。他們還是上帝應許之

地的託管人。三個主要的族長是
亞伯拉罕、以撒和雅各。

異教徒(Païen)
源於拉丁文中的"paganus"(意
即「異教徒」) 一詞,11世紀後
用以指所有的非基督徒,也常用
以指多神教的儀式。

十二劃
散居世界各地的猶太人(Diaspora)
許多世紀中,猶太人散居在他們
祖先的國土之外。這個詞也用於
指流放的猶太人社團總體。

游牧民族(Nomades)
這個詞在這裡指敘利亞和阿拉伯
大沙漠曠野上,過著不定居生活
的民族。不久前對於這個地區貝
多因部落的研究,有助於我們理
解游牧民族族長時期的各種生活
方式。

猶大(Juda)
猶大原是雅各族長和利亞之子的
名字,但這個名字後來指的是一
個部族,即「猶大部族」, 後來
指猶大部族所佔居之地,即「猶
大地區」或「猶地亞」(或譯作
「朱迪亞」)。

十三劃
聖經(Bible)
埃及人在比布羅斯港存放雪松
木,出口換取寫字用的紙莎草紙。
希臘人在比布羅斯發現這種珍貴
的紙,便將這個港口的名字稱為
「比布羅斯(byblos, 或
byblion)」,由此譯成拉丁文,後
譯成希文中"Bible"一詞。

十四劃
夢(Songe)
古人認為,夢是人與超自然世界
交流的一種手段。對於族長來說,
上帝透過夢和幻像向他們顯現,
讓他們認識到上帝對人民的指
示。

種族大屠殺(Génocide)
這個詞產生於1944年,由希臘文
中的genos(民族、種族之意)一
詞和拉丁文的動詞Caedere(意即
殺死、毀滅)所構成,指毀滅整
個民族或一個種族社團或宗教社
團中的全體成員。這個詞專用於
指第二次世界大戰中,納粹政府
有計劃滅絕猶太人的大屠殺。

膏立(Onction)
「抹聖油」的做法,將油傾倒在
某人頭上,使之成為神聖。撒母
耳便是如此膏立掃羅和大衛為
王。這種宗教儀式在西方的首次
運用,是查理曼大帝之父「矮子
丕平」。所有法國國王都遵循大衛
的先例接受膏立。

赫人(Hittite)
一個印歐民族,他們在公元前
2000年至1000年之間建立了五
個大至埃及的安那托利亞帝國
(小亞細亞), 並將馬引進了中
東。

十五劃
儀式(祭祀Culte)
這個詞指一種有程序的宗教活
動,表白對於神靈的歌頌,並按
各種宗教形式和慣例執行一系列
的活動。

摩西五書(Pentateuque)
希臘文中"penta"(意即「五」)和
"teukhos"(意為「書」)之和,
指《聖經》中的首五卷,猶太人
亦稱《托拉》(律法書)。

撒瑪利亞(Samarie)
北方王國的首都撒瑪利亞城,公
元前721年被亞述人攻克。猶地
亞和加利利之間的巴勒斯坦中部
地區因此城而得名。

十六劃
錫安山(Sion)
錫安山是耶路撒冷山地上的一座
山,耶路撒冷聖殿就位於錫安山
上。在《聖經》中,錫安常用於
指耶路撒冷,以「錫安」或「錫
安之子」稱希伯來人。

燔祭(Holocauste)
這個詞源於希臘文中
Holokauston一詞,意即「全部焚
毀」,指祭祀儀式結束時將祭品全
部焚燒以奉獻給神。這個詞還用
於指第二次世界大戰時期,對猶
太人的種族大屠殺*。

二十劃
蘇美爾(Sumer)
公元前四世紀至二世紀是美索不
達米亞平原蘇美爾文明的興盛時
期。

所標頁碼為原書頁碼，從粗體號碼的書頁裡可以歸納出該詞完整的意思。

一 劃

一神教 (Monothéisme) 7, 26, 94

二 劃

七權燭臺 (Ménorah) 27, 64-65, 73
十二支派 (Douze tribus) 29
十誡 (Dix Commandements) 27

三 劃

士師 (Juges) 30, 94
大利拉 (Dalila) 30
大洪水 (Déluge) 94
大流士一世 (Darius Ier) 59
大衛 (David) 40-43, 48, 67
五旬節 (Pentecôte) 84

四 劃

五旬節 (Shavouot) 84
反猶主義 (Antisémitisme) 85, 94
巴比倫 (Babylone) 56-58, 60-61, 77, 84
巴別塔 (Tour de Babel) 61
巴勒斯坦 (Palestine) 29, 33, 46, 52, 55, 60, 66, 68, 73

五 劃

以色列 (Israël) 12, 17, 41, 46-47, 54
以西結 (Ézéchiel) 58
以掃 (Ésaü) 12, 49
以斯帖 (Esther) 83
以斯拉 (Esdras) 64
以實瑪利 (Ismaël) 7
以實瑪利人 (Ismaélites) 7
以撒 (Isaac) 8, 10-11, 17
以賽亞 (Isaïe) 53, 94
出埃及 (Exode) 16, 24, 31
加利利 (Galilée) 33

北方王國 (Royaume du Nord) 46, 65
卡拉城 (Kalah) 53
奴役 (Esclavage) 22
尼布甲尼撒 (Nabuchodonosor) 55, 59, 94
尼希米 (Néhémie) 64
申命記 (Deutéronome) 54
示劍 (Sichem) 6, 46, 65

六 劃

先知 (Prophète) 58, 94
安息日 (Sabbat) 64, 76-77
安條克四世 (Antiochus IV) 66-67, 80
安提帕特 (Antipater) 70
托拉 (Torah) 26, 49, 64, 76-78
死海 (Mer Morte) 33, 35, 71
至聖所 (Saint des Saints) 44, 65, 69, 81
西乃 (Sinaï) 26-27, 84
西底迦 (Sédécias) 56

七 劃

住棚節 (Soucoth) 81
伯利恆 (Bethléem) 70
伯特利 (Béthel) 13, 94
吾珥 (Our) 6, 16
希西家 (Ézéchias) 48, 54
希伯崙 (Hébron) 6, 41, 94
希律王 (Hérode Ier) 68-70, 71, 73, 78
希律王宮 (Hérodion) 70
沙皇時期猶太人大屠殺 (Pogrome) 85, 94

八 劃

亞他利雅 (Athalie) 46-47
亞伯拉罕 (Abraham) 6-9, 16-17
亞述人 (Assyriens) 47, 52-53, 54, 60

亞倫 (Aaron) 27
亞歷山大大帝 (Alexandre le Grand) 66-67
亞蘭人 (Araméens) 47
宗教節日 (Fêtes religieuses) 81-84
居魯士二世大帝 (Cyrus II le Grand) 59
所羅門 (Salomon) 44-45, 59
拉丁文聖經譯本 (Vulgate) 32
拉美西斯二世 (Ramsès II) 31
拔示巴 (Bethsabée) 44
放逐 (Déportation) 53
法老 (Pharaon) 22-25, 31
法律 (Loi) 26, 48-49, 54, 57, 64, 84
肥沃的新月 (Croissant fertile) 7, 27, 55, 66
邱壇 (Haut-lieu) 54, 94
金牛犢 (Veau d'or) 27, 60
長子權 (Droit d'aînesse) 12, 49, 94
非利士人 (Philistins) 29-30, 38-41

九 劃

南方王國 (Royaume du Sud) 46
哈蘭 (Harran) 6, 16
柱像 (Stèle) 54, 94
流放 (Exil) 56-60, 64, 77, 84
約西亞 (Josias) 48, 54
約但河 (Jourdain) 29, 33-34
約書亞 (Josué) 29
約瑟 (Joseph) 14-15, 16-17, 22
約櫃 (Arche d'Alliance) 42, 44, 56, 94, passim
美索不達米亞 (Mésopotamie) 33, 52, 55
耶利米 (Jérémie) 58, 94
耶利哥 (Jéricho) 30
耶和華 (Yahwé) 12, 24-27, 42, 44, 53, 58, 65, 77
耶洗別 (Jézabel) 46

耶茨雷埃勒平原(Jezréel) 33、39、94

耶路撒冷(Jérusalem) 42、44-45、54、57、64-65、70、81、83-84

耶羅波安(Jéroboam) 46

迦南(Canaan) 6、8、16、94

迦南人(Cananéen) 6、11、29、48

十 劃

修殿節(Hannouca) 82

哭牆(Mur des lamentations) 78

埃及(Égypte) 14、16、19、20-25、31-32、48、55、82-84

埃及的十大災難(Dix plaies d'Égypte) 24、83

夏甲(Agar) 7

泰柏立湖(Lac de Tibériade) 33

神殿(Temple) 45、54、56-57、59、64、67、69、73、77-78、81-83

貢稅(Tribut) 47、52、94

閃族人(Sémite) 15、94

馬加比(Maccabées) 67、82

馬薩達(Massada) 71

十一劃

參孫(Samson) 30

基甸(Gédéon) 30

掃羅(Saül) 38-39、40

族長(Patriarches) 5-17、94

符合猶太教規的食品(Kasher) 80

莎拉(Sara) 7-9

十二劃

割禮(Circoncision) 80

復活(的節日)(Pâque) 25、54、83-84

提圖斯(Titus) 73

散居世界各地的猶太人 (Diaspora) 60、72、85、94

普珥節(Purim) 83

游牧民族(Nomades) 16-17、19、29、94

無邊圓帽(Kippa) 79

猶大(Juda) 41、46-47、60、64、94

猶大地區（猶地亞）(Judée) 33-34、66、68

猶太男子成人禮(Bar Mitzva) 79

猶太新年(Rosh Hashana) 81

猶太會堂(Synagogue) 77、94

猶太曆(Calendrier juif) 81

雅各(Jacob) 12-13、14、17、29、31

十三劃

嗎哪(Manne) 28

聖約(Alliance) 8、26、27、48、54、60、77、80-81

聖經(Bible) 6、16-17、28-29、41、49、60、94、passim

葉特羅(Jéthro) 23

逾越節(Pessah) 83-84

十四劃

夢(Songe) 12-14、94

慢利(Mambré) 9

歌利亞(Goliath) 40

種族大屠殺(Génocide) 22、94

膏立(Onction) 38-39、48、94

赫人(Hittite) 8、94

十五劃

儀式(Culte) 48、65、94

摩西(Moïse) 22-27、29、32、84

摩西五書(Pentateuque) 94

撒母耳(Samuel) 30、39

撒馬利亞(Samarie) 54、65、94

撒緩以色三世(Salmanasar III) 52、54

十六劃

燃燒的荊棘(Buisson ardent) 23、24

錫安(Sion) 94

燔祭(Holocauste) 11、94

十七劃

應許之地(Terre promise) 8、29、32

十九劃

曠野(Désert) 24、28、71

羅馬人(Romains) 68-73

二十劃

蘇美爾(Sumer) 94

饑荒(Famine) 14-15、16

二十二劃

贖罪日(Yom Kippour) 81

索引

97

一套專為青少年朋友
設計的百科全集

人類文明小百科

- ・埃及人為何要建造金字塔？
- ・在人類對世界的探索中，
  誰是第一個探險家？
- ・你看過火山從誕生到死亡的歷程嗎？
- ・你知道電影是如何拍攝出來的嗎？

歷史的・文化的・科學的・藝術的

1. 歐洲的城堡
2. 法老時代的埃及
3. 羅馬人
4. 希臘人
5. 希伯來人
6. 高盧人
7. 樂器
8. 史前人類
9. 火山與地震
10. 探索與發現
11. 從行星到眾星系
12. 電影
13. 科學簡史
14. 奧林匹克運動會
15. 音樂史
16. 身體與健康
17. 神話

激發你的求知慾‧滿足你的好奇心

兒童文學叢書
·小詩人系列·

樹媽媽	葉維廉 著	陳路茜 繪
螢火蟲	向 明 著	董心如 繪
稻草人	瓊 虹 著	拉 拉 繪
童話風	陳 黎 著	王 蘭 繪
雙胞胎月亮	蘇紹連 著	藍珮禎 繪
妖怪的本事	白 靈 著	吳應堅 繪
魚和蝦的對話	張 默 著	董心如 繪
我的夢夢見我在夢中作夢	向 陽 著	陳路茜 繪
網一把星	葉維廉 著	朱美靜 繪
小孩與鸚鵡	陳義芝 著	曹俊彥 繪
穿過老樹林	蘇紹連 著	陳致元 繪
夢中音樂會	朵 思 著	郝洛玟 繪
到大海去呀，孩子	汪啟疆 著	張曉萍 繪
家是我放心的地方	林煥彰 著	施政廷 繪
旋轉木馬	伊 玲 著	莊孝先 繪
我是西瓜爸爸	蕭 蕭 著	施政廷 繪
跟天空玩遊戲	顏艾琳 著	鄭慧荷 繪

國家圖書館出版品預行編目資料

希伯來人 / Gaston Duchet -Suchaux 著；黃天海譯. ─
─初版二刷. ──臺北市；三民，民91
　　面；　　公分──(人類文明小百科)
　　含索引
　　譯自:Les Hébreux
　　ISBN 957-14-2639-3 （精裝）

　　1. 以色列－歷史－古代（70年以前）

735.321   86006208

網路書店位址　http://www.sanmin.com.tw

© 　希　伯　來　人

著作人　Gaston Duchet -Suchaux
譯　者　黃天海
發行人　劉振強
著作財
產權人　三民書局股份有限公司
　　　　臺北市復興北路三八六號
發行所　三民書局股份有限公司
　　　　地址／臺北市復興北路三八六號
　　　　電話／二五○○六六○○
　　　　郵撥／○○○九九九八──五號
印刷所　三民書局股份有限公司
門市部　復北店／臺北市復興北路三八六號
　　　　重南店／臺北市重慶南路一段六十一號
初版一刷　中華民國八十六年八月
初版二刷　中華民國九十一年一月
編　　號　S 04005
定　　價　新臺幣貳佰伍拾元整
行政院新聞局登記證局版臺業字第○二○○號

ISBN　957-14-2639-3　（精裝）